CARTULAIRE

ROUSSILLONNAIS

PAR

B. ALART

Archiviste du département des Pyrénées-Orientales.

PERPIGNAN

IMPRIMERIE DE CHARLES LATROBE

1, Rue des Trois-Rois, 1.

—

1880

CARTULAIRE

ROUSSILLONNAIS

PAR

B. ALART

Archiviste du département des Pyrénées-Orientales.

PERPIGNAN

IMPRIMERIE DE CHARLES LATROBE

1, Rue des Trois-Rois, 1.

—

1880

CARTULAIRE ROUSSILLONNAIS.

I

Jugement en faveur de l'abbaye de la Grasse,
sur la propriété de la villa de Prada et du vilar de Mata [1].

865

Cum in dei nomine residere[t] Salamon comis in castrum sancti
Stephani [2] una cum Saroardo . seu et iudices qui iussi sunt causas
audire dirimere uel iudicare. Id est. Castellanum . Fedancium . Tras-
badum . Godmare . Mirone . Scluane . Recaredo . Manzonem . Absalon .
Uuitiricum . Odolbaldum . Audbertum . Uuitizane et Argefredum saione .
seu in presentia . Fridisclo [3] abba . Eldeberto [4] abba . Amancio presbitero . Candigano presbitero . Clucifario presbitero . Contefredo presbitero . Alarico presbitero . Andesindo presbitero . uel aliorum multorum

---

[1] Nous avons déjà publié dans le xxe *Bulletin de la Société agricole, scien-
tifique et littéraire des Pyrénées-Orientales* (1873), ce document qui est un des
plus importants qui se soient conservés pour le Roussillon au ixe siècle. L'acte
original existe aux archives communales de Prades, ainsi qu'une copie sur parchemin, peut-être contemporaine et dans tous les cas antérieure au xie siècle ; ces
deux pièces sont en fort mauvais état, mais elles peuvent se compléter l'une par
l'autre. La copie a d'ailleurs été transcrite en 1611 dans le *Livre rouge* ou Cartulaire de Prades. Les lacunes de l'original seront comblées au moyen de l'ancienne
copie et mises entre crochets ; elles seront complétées, pour quelques mots, par
le texte de la copie du *Livre rouge*, imprimé en italique.

[2] Château de Saint Estève de la Roca de Pomers, au-dessus de Clera.

[3] On trouve un *Froyselus*, abbé de Saint-André de Soreda, vers 850
(*Marca*, 22).

[4] C'est sans doute Eldebert, abbé de Saint-André d'Exalada jusqu'à l'an 869.

1

hominum qui in ipso iudicio residebant. Ibique ueniens omo nomine Longobardus in eorum iudicio mandatarius Andedato [1] abbate . in reclamatione dicens; Iubete me audire uiri onorabiles . comes . et iudices . quia talem uillarem . qui dicitur . Mata [2]. qui est in ualle Confluentana . infra fines de uilla Prata . et super alueum Tede . dum retineret iamdictus Andedatus . ipsum uillarem Mata . per uocem . Eliani abbati antecessori suo . qui ipsum uillare edificauit . prius per donitum Suniefredo comiti ad proprium cum omnes fines suas et aiacentias illorum et per preceptum regis Karoli . sic uenit iste Saroardus et tulit nobis ipsum uillarem Mata . absque iuditio . at cui ego uoce prosequero; Cumque nos comis . iudices tali reclamatione . Longobardi audissemus . interrogauimus iamdicto . Saroardo . quid ad hec responderet . at ille in suo responso dixit; Ipsum uillare qui dicitur Mata . ego eum prendidi de potestate . de Andedate abbate uel de suos monacos . et nunquam debet esse . proprius ipse uillare Mata de monasterio sancte Marie . set partibus regis eum retineo. Nam nos iudices cum tali responso Saroardo audissemus interrogauimus Longobardo . causilicum . si abebat cartas donationis . de ipsas uillas . Prata . et Mata . sicut te reclamasti . quod Suniefredus comis eas dederat ad domum sancta Maria . monasterio . qui situs est infra comitatu Narbonense . et Carcasense . super fluuio Urbione. Sed ille presentialiter obtulit ipsam cartam donationis: quod Suniefredus comes fecit cum sua uxore Ermesinda . de iamdictas uillas Prata . et Mata . ad proprium. At hec nos iudices cum audissemus ipsam cartam legentem . et relegentem . et resonabat ibidem Prata . et Mata . cum terminis et limitibus earum . et cum omnes aiacencias illorum . seu et ecclesias . cum domibus curtibus ortos . arbores . pomiferis . et inpomiferos . oliueta . fontibus pratis . pascuis · siluis . garricis . ad proprium . ad domum sancte Marie . que uocant Crassa . uel ad ipsos monaros . qui ibidem militant . propter remedium anime illorum. Et ibidem ostendit preceptum regis Karoli . quod fecit ad Suniefredum comiti de ipsas uillas Prata et Mata supra scriptas ad proprium; Cumque nos iudices tali rei ueritati audissemus uel cognouimus et iusticia de Longobardo causilico: precepimus ei . ut dedisset testimonia ante nos sicut et fecit . qui ipsum proprium cum sua terminia cognitum

[1] Cet abbé de la Grasse n'est connu que par ce document.

[2] Le vilar de Mata, dont le nom se conservait encore vers la fin du xive siècle, était situé dans la partie orientale du territoire de Prada, quartier encore occupé aujourd'hui par plusieurs métairies.

abuissent uiros onorabiles . et circum manentes omines . qui ante nos
hoc testificauerunt . uel in eclesia Sancti Stephani martyris. Xpi et
iurauerunt dicentes . qui sita est in castrum quod nuncupatur sancti
Stephani . et nomina testium ecc sunt. Id est [Trasemir]us . Ilarem .
Uuitizane . Calastus . Illericus . Bonissimus . Sisenandus . Spera in
deo . Amancius . Albemirus . Sancio . Ermesindus . Mengo . Aurio-
lus . Arreco . Candiganus . Stabiles . Eles . Uuistrillus . Auencius.
Quia nos supra scripti testes . scimus et bene in ueritate sapemus . et
occulis nostris uidimus et depresentes eramus . quando uenit Suniefredus comis in uilla Prata . et ostendit ibidem preceptum regis
Karoli . quod ille dignatus est facere propter suam mercedem de uilla
Prata . et Mata cum omnes fines suas et aiacentias suas . sic uidimus
ipsum preceptum . et audiuimus relegentem . et uidimus ipsas uillas
Prata . et Mata abentem . et possidentem ad proprium . cum omnes
suas fines sicut ipsum preceptum regale resonat; Et cum retinuisset
ipsas uillas cum suas fines . sic tradidit eas ad domum sancta Marie
que uocant Crassa . et ad ipsum abbatem Eliane . uel ad suos monacos . qui in ipsum monasterium militant. Et pusquam ipse abbas
retinebat per carta donationis . ipsas uillas . sic nos uidentes uenit
Elias abbas . et adtraxit ibidem omines ad abitandum . per beneficium
suum in locum ubi dicitur Mata . his nominibus Ildesindum . Daco-
nem . Ildericum . Atilanem . aut ceteros pares illorum . et nos qui hoc
testificamus . et sic edificamus ipsam uillam Mata . et fecimus ibidem .
domos curtes . ortos cum suos arbores . molendinos per beneficium
iamdicto abbate Eliane . cum suo adiutorio. In ea uero ratione . ut
seruitium exinde illi fecissemus ad domun sancta Maria monasterio .
et ipsum beneficium qui eum retinuissemus. Et magis debet odie
esse ipsam villam Mata de apendicione Prata . de monasterio sancte
Mariæ sicut Suniefredus comes dederat . per cartam donationis ad
proprium quam de Saroardum qui eam retinebat per partibus Salamonis comiti . per causa regis et per beneficium . et contra lege
contendit ipsa uilla Saroardus . et ea que testificamus recto et uera-
citer testificamus per super adnixum iuramentum in domino. Late
condi[cio]ne sub die idus marci anno xxv. regnante K[arulo] rege .
Saroardus qui hunc iuramentum recep[iss]et. Abebat ipsa carta
donationis in uinculo qui ad disrumpendum uenisset conposuisset
ipsas uillas in duplo quantum eo tempus melioratas fuerant. Cumque
nos iudices tali condicione ante nos firmata esse uideremus perquisi-
uimus in lege Gotorum et inuenimus in libro . V . titulo primo . era

prima . ubi dicit [1] de donationibus æclesiis datis Si famulorum
meritis ut iuxta compellimur debitæ compensare lucra mercedis
quanto iam copiosius pro remedium animarum diuinis cultibus et
terrenum debemus inpendere . et inpensa legum soliditate seruare.
Quam propter quoscumque res sancti dei uaselicis . aut pro princ:pum
aut pro ¿norum libet fidelium donacionis conlate reperiuntur uotine .
hac potencialiter pro certo censetur . ut in earum iura inreuocabili
modo . legum ternitate firmentur. Iterum inuenimus in alia lege infra
corpore . ubi dicit [2]. Jam vero quod ad die huius lat[a] legis uel
tempora quicumque pontificum de his qui ad fidelibus in dei æcclesiæ testata uel conlata esse noscuntur . aliquit exinde abstulerit suo .
quod iuri uel æcclesiæ principali amplificauerit seu quicumque persone . quolibet modo quodcumque tale concesserit . nulla temporum
longeuitate securum ut iusta permissum ordine quandocumque et
per quocumque talia fuerit commisisse detectum eam ipse qui presumsit una cum legitimas satisfactione rei propria illi æclesia cui
tulit ulla: in q[uam del]iquit reformare cogendus est; Quod et si de
rebus propriis non abuerit unde componat . et in omn[i in]tegritate .
eo que presumsit æclesie cui tulit restituat; Et reperimus in alio
loco . Hæc [3] igitur . lex . non solum pro rebus quod in eclesiis

[1] Les textes du Code wisigothique cités dans ce jugement sont tellement
corrompus, qu'ils sont à peu près inintelligibles. Nous donnons les passages
correspondants d'après l'édition de P. Pithou (Paris, 1579) : — lib. V, titul. 1,
era prima : « De Donationibus ecclesiis datis. Si famulorum meritis justè com-
« pellimur debitæ compensare lucra mercedis, quanto jam copiosiùs pro remediis
« animarum divinis cultibus, et terrena debemus impendere et impensa legum
« soliditate servare! Quapropter quæcumque res sanctis dei basilicis, aut per
« principum, aut per quorumlibet fidelium cognationes collatæ reperiuntur, votivè
« ac potentialiter pro certo censemus ut in earum jure, irrevocabili modo, legum
« æternitate firmentur. »

[2] Legis Wisigothor. Lib IV, era VI. « Jam verò à die hujus latæ legis vel
tempore, quicumque pontificum de his quæ à fidelibus in Dei ecclesiis testata
vel collata esse noscuntur, aliquid exinde abstulerit, suoque juri vel ecclesiæ
principali, seu cuicumque personæ quolibet modo quodcumque tale concesserit,
nulla temporum longævitate securus, juxta præmissum ordinem quandocumque et
per quemcumque talia fuerit commisso detectus, ea ipsa quæ præsumpsit, unà
cum legitima satisfactione rei propriæ, ecclesiæ cui tulit, vel in quam deliquit,
reformare cogendus est. Quod si de rebus propriis non habuerit unde componat,
in omni integritate en quæ præsumpsit, ecclesiæ cui tulit, restituat. »

[3] Legis Wisigothorum (suite du paragraphe qui précède) : « Hæc igitur lex,
non solum pro rebus, quæ in ecclesiis absolutis vel diocæsanis collatæ sunt, obser-
vabitur ; sed sub generali nomine omnium ecclesiarum, id est, tam in monasteriis
virorum quàm etiam feminarum, omnimodo constitutione complebitur. »

absolutis . uel diocesanis conlata sunt obseruabitur set sub generale
nomine omnium æcclesiar[um . id] est a mones[terium ui]rorum
quam etiam feminarum . omni modo in istitutione implebitur; Et
inuenimus in lege quomodo Karolus rex dedit ipsos alodes Prata . et
Mata . ad Suniefredo comiti qualiter eum debet abere . sicut lex
Gotorum comm[emorat; D]onatio¹ regis potestatis quod in quibus
personis conferuntur uel conlate sunt . in eorum iure persis[tant .
in] quorum nomine eas potestas contulerit regia ea uideli[cet]
ratione. Ita ut huiusmodis [regalis mani]ficentia co[nlatio . attributa
in nomine eius qui] hoc promeruit . transfusa permaneant . ut qui-
quit de oc facere uoluit iudicare uoluerit potestatem in omnibus abeat;
Tunc nos iudices in tanta lege inuenissemus et in testimonio Longobardo ueni[ssent precipimus ei ut ipsos testes] qui ante nos testificauerunt ante nos uenire fecisset sicut et fecit . et ipsos terminos
sir e dilatatione nobis monstrasset . sicut iuratum abeant; Et nos
iudices unacum sai[one] . et cum plures bonis [hominibus qui
ipsa termin]ia cognitam abeant . circumdabimus ipsa [te]rminia . et
est terminus unus de parto occidente usque in medio alueo Tedo . de
alia parte usque in medio riuo Literano; de tercia parte in st[rata
francisca in petra fita a sancti Felici²; et de ipso] termino uadit
usque in monto Bo[uar]ia³ sicut aqua uertitur . et inde subtus uillare
quo dicitur Arbocia et inde uadit per ipsa æcclesiola que dicitur
Fullonicus . et inde uadit per ipsos term[inos qui diuidit inter]
Prata et uillare Auelaneto⁴ . e[t inde uadit] per ipsa terminia
ad ipsa parieto que diuidit inter Prata . et Lusconem . et diuiserunt
per ipsa pariete ipsas uillas Suniefredus et Argila comites⁵ .
usque in m[edio Tedo . et term]inauerunt ad ipsa uilla Prata [ipsis

---

¹ *Legis Wisig. lib. V, tit. II, era II :* « Donationes regiæ potestatis, quæ
in quibuscumque personis conferuntur, sive collatæ sunt, in eorum juro consistant,
in quorum nomine eas potestas contulerit regia ι ea videlicet ratione, ut ita hujus
regalis munificentiæ adtributa, in nomine ejus, qui hoc promeruit, transfusa permaneant, ut quicquid de hoc facere vel judicaro voluerit, potestatem in omnibus
habeat »

* Saint Félix de Codalet.

³ La copie ajoute *ad ipsa elaina.*

⁴ Avellanet, territoire des Masos.

⁵ Après *comites,* la copie ajoute ι *per petrafita pervenit in Luscone ad ipsa
elaina, et de ipsa claina vadit ad alia petrafita, et de petrafita vadit per ipsa
pariete usque in medio..*

caput aq]uis in riuo Literano . cum suo rego qui inde [discurit] .
Cumque tanta rei in ueritate inuenissemus alte‑cauimus inter nos et
inuenimus in lege Gotorum Sit [1] quod[cumque ante aduentum
Gotorum de ali]cui fundi iura remo[tum est et alii cum po]ssessionem
aut uindicione[m] aut do[nationem] . aut diuisionem . aut aliqua trans‑
actione transla[tum est] ut in eius fundi [ad quod] Romanis anti‑
qu[itus probatur jure justum consistat]. Cum autem proprietas
fundit . nul[lus fortissimis] signis aut limitibus proban[tur que debeat
obseruari] . eligat inspectio iudi[cantium] quos par[cium consencio
elegerint ut index quod certiores agnouerit uel seniores faciat e]os
sacramenta prebere quod terminos s[ine ulla fraude de]monstraue‑
rint termin[os et limites .] lapides erigi fecimus sicut antiquitus
constituerunt. Cumque nos] comes aut iudices tan[ta rei ueritate
et iustitia et ueritate sancta Maria inu]enissemus quod tr[ad]itum
abet per scriptu[ras . et per preceptum] imperiale ordinauimus [saio‑
nem nostrum Arge]fredum qui reuestire fecisset [de i]psum alodem
cum om[nes] terminos suos Longobar[dum mandatarium sicut nos
sircumdatum habemus. Et congaude]ant se [in nostro judi]cio
illorum per[cepisse iusti]cia Dato iudicio . sub die [xi kal. apr]ilis
anno xxv. regnante Karulo [rege . Hec . s... et al..us.. quia... God‑
marus ... ubleson . ss . arzsebado . sss. Tedacncius . sss . Miro . sss.
Bonissimus rogitus et sacerdos qui hunc iudicium scripsi et +
sub die anno quo supra D.]

(Archives communales de Prades : original sur parchemin,
copie du ixe siècle (?) sur parchemin, et transcription
de 1611 dans le *Livre rouge*.)

[1] *Legis Wisigothor. lib. X, tit. 3, era V :* « Si quodcumque ante adventum
Gothorum de alicujus fundi jure remotum, et aliqua transactione translatum est :
id est fundi, ad quem a Romanis antiquitus approbatur adjunctum, jure constat.
Cum autem proprietas fundi nullis certissimis signis aut limitibus probatur, quid
debeat observari oligat inspectio judicum quos partium consensus elegerit : ita ut
judex quos certiores agnoverit vel seniores, faciat eos sacramentum præbere, quod
terminos sine ulla fraude demonstraverint. »

II

Confirmation des possessions de l'abbaye de Sainte-Marie
en Vallespir (Arles) par le roi Karloman.

881

Noverint universi quod hoc est translatum fideliter sumtum a quodam privilegio
seu publico instrumento sigillato sigillo anuli Karlomanni dei gracia regis bono
memorie condam, prout in impressione dicti sigilli prima facie apparebat. cuius
quidem tenor dinoscitur esse talis.

In nomine domini dei eterni et salvatoris nostri Jhesu Xpi Karlo-
mannus gratia dei Rex Quicquid pro dei amore et sanctorum honore
agimus, profuturum nobis ad presentis vite curricula felicius transi-
genda et ad future beatudinis premia facilius optinenda non dubitamus.
Comperiat igitur omnium fidelium sancte dei ecclesie, nostrorumque
presentium scilicet et futurorum sollertia! quia[1] ob dei et sancte
Marie eiusdem genitricis amorem et honorem libuit celsitudini nostre
quoddam monasterium in honore eiusdem Sancte Marie in pago Rusilionensi in Valle Asperia fundatum, cum Suniefredo venerabili eiusdem
cenobii abbate cunctisque monachis sibi subiectis omnibusque sibi
pertinentibus et appendiciis suis, in nostre immunitatis munimen
defensionisque mundeburdum recipere, ac firmiter deo protegente
tenere. Unde hoc nostre altitudinis preceptum fieri eidem sacro loco
dari jussimus per quod prefatum monasterium cum eodem abbate et
monachis sibi subjectis cunctisque appendiciis suis, cum ecclesia Sancti
Johannis in loco qui dicitur Riardo sita, cum omnibus apprisionibus
donationibus et comparationibus, et Polestros cum finibus suis! et in
comitatu Rusilionensi cella que vocatur Cotso[2], id est de Molinellis
usque ad Gadu aras[3], deinde usque in Benenato, deinde in Picerolas.
Et super fluuium Fulconicas[4] cella Sancti Martini. Et locum ubi dicitur
Comalarias[5]. Et in Aguliana! ubi dicitur Paneniares[6] cum finibus

---

[1] Mot barré dans le mns.

[2] Sainte-Cécile de Cos.

[3] Barré et remplacé en interligne par *Guat varios.*

[4] Il y avait d'abord *Fulloniras*; la partie supérieure du second *l* a été effacée
et le reste a été marqué en forme de *c* ou d'*e.*

[5] Il y avait d'abord *Comolarias.*

[6] Il y avait d'abord *Saneniores;* il faudrait *Panessiares.*

suis. Et in ipso comitatu iuxta prefatum monasterium, cella Sancti
Quintini martiris: cum balneis, omnique integritate, sicut aqua Techus
vertit ad ipsum locum qui dicitur Unado¹ Ghimarane. Et in ipso pago
super Riuum Ferrarii, villari quam (sic) ipsi monachi de Raganlheo
comparaverunt. Et ubi dicitur ad ipsum Palaciolum cum finibus suis.
Et in ipso pago in valle Asperia prope supradictos balneos, villarem
que dicitur Cotaletus cum finibus et adiacentiis suis, cunctisque sibi
pertinentibus . habet fines de vinea que fuit condam Leonis . deinde
ad ipse busceta . deinde ad Cayrum . deinde ad mansionem que fuit
Urscionis . deinde ad mansionem Eriberti . deinde in Bonabosco . et
ubi dicitur Monte nigro usque in rio balneos ubi dicitur ad ipsas
Porcilicas. Et ipsam mansionem que fuit condam Martini Fulcrade et
Theudesie. Et alteram mansionem que fuit Johannis, cum finibus suis.
Et in valle Confluente, cellam sancti Cipriani. Et in valle Asperia,
vallem Canalesem usque in Prato ²: Et serra Vernatense, usque in
Techo cum finibus suis, et curtiferis ubi armenta eorum pascant, in
Aras videlicet in Comolata, in Rodas, Madalauco, in Labeias (sic), in
Uscias. Et in pago Bisildunensi super flumium Sambuce cella Sancti
Petri. Et in loco qui dicitur Cerasia cellam Sancti Michaelis cum
finibus suis . id est de ipsis Porcilicas. Et ipso villare de Unarnario ³.
Et alio villare quod ipsi monachi dederunt ad laborandum Vniselo et
Dominico usque in ipso villare qui fuit Centullo. Et in Riuo qui dicitur
Mancuolum. Et ubi dicitur Subiratellos . deinde per ipsa rocha ubi
dicitur a Maceneto . deinde a Curecabeli: deinde ad Aquilare: deinde
ad Pinocarone . deinde ad ipsa Pueta . inde in riuo Sambuce . inde
ubi dicitur ad ipsos Clericos et ipso villare quod ipsi monachi Edo
Tresulfus traxerunt de heremi vastitate . et ipsas Vjnnales ipsi hedi-
ficaverunt. Et ipso villari Albiniano cum finibus suis, et sic de ipsa
rocca que discurrit ad ipsos Ferrerrones . inde per ipsam vallem que
discurrit ad ipsum Palatium . inde ad ipsas Porcilicas superius nomi-
natas. Et alia cella que dicitur Casa Mauri sancti Romani . et ipsos
curtiles ubi armenta eorum pascunt, ipsa Pratella et ipsos Ortos . et
Arielo . et ipsos Calbos . et ipsas Trilias . et ipsos Cinglos . et ipsas
Ripelles . et Carboniles . et Calmilias et Becceta . et Ruuirola . et
[C]anelias. Et omnibus ad prefatum monasterium aspicientibus cum

¹ Il y avait d'abord *Gado*.
² Il y avait d'abord *Pratz*.
³ Il y avait d'abord *Garnario*.

domibus hedificiis, curtiferis viridigariis ortis, vineis terris silvis
pratis pascuis aquis, aquarum decursibus farinariis piscatoriis de
ipso Riuo Ferrarii usque in Palatioatan [1], exitibus et regressibus
omnibusque que aut regali dono aut quorumlibet deo timentium lar-
gitionibus aut comparationibus, aut commutationibus aut omnibus
apprehensionibus quas ipsi monachi propriis manibus de heremo
traxerunt . aut quorumlibet attracto vel adquisito aut in futuro adquirere potuerint in nostre immunitatis mundeburdo tuitionem ac defen-
sionem recepimus et pleniter in futuro retinere volumus. Quapropter
precipimus atque firmamus ut nullus judex publicus vel quislibet ex
judiciaria potestate in ecclesias aut loca vel agros seu reliquas posses-
siones : ad causas audiendas, vel injusta freda exhigenda, vel paratas
faciendas, aut ullas redibitiones vel illicitas occasiones requirendas .
aut fidejussores tollendos . vel illorum homines distringendos ingredi
audeant, nec pascuis eorum nec de illorum hominibus ullus pascua-
rius non requiratur, nec ea quo supra memorata sunt penitus exigere
presumant . sed liceat prefato abbati suisque successoribus absque
cujuspiam inquietatione quiete cum monachis sibi subjectis vivere et
deo deservire, ac pro nobis et patribus nostris totiusque regni nostri
statu deum exorare. Ut autem hoc preceptum nostre auctoritatis
firmiorem obtineat vigorem manu propria subter eum firmavimus et
anulo nostro insigniri jussimus.

Signum Karlomanni gloriosissimi ✠ regis.

Norbertus notarius ad vicem Vulfardi recognovit et sub +.

Datum tertio kalendarum septembrium anno tertio regnante Karlo-
manno gloriosissimo rege indictione xiii. Actum apud villam Costam
regni Provincie in dei nomine feliciter. Amen.

Simon Tolsani publicus scriptor auctoritate dñi abbatis Arulen. hoc translatum
ab originali suo privilegio fideliter translatavit puncto ad punctum verbo ad
verbum nichil addens vel minuens quod mutet sensum vel corrumpat intellectum
tribus literalis testibus ad examinationem huius translati convocatis videlicet ....
(Le reste manque. — Fin du xiii° siècle.)

(Archives du département, B 3 ; — ancien parchemin
du Domaine, n° 480.)

[1] Lisez *Palatiodan* ?

III

Diplôme du roi Charles-le-Simple, en faveur de l'abbé Salomon, confirmant les possessions de l'abbaye de Saint-Jacques de Jocou en Rasès [1].

Vers 900 ?

In nomine sancte et individue Trinitatis Karolus divina [ordinante] providentia [Francorum] Rex . Clementia regalis [   ] igitur excellentie consuetudinis est ut quos cognoscit in Dei timore . manere et ecclesiastico recte perfungi officio, ad studium debeat provehere . Quapropter omnium sancte ecclesie fidelium nostrorumque presentium scilicet atque futurorum cognoscat universitas, quoniam nos cuidam fideli nostro nomine Salamon monacho, ob devotissimam ac mirificam conversationem quam bene auribus nostris habemus compertam, committimus monasterium Jocundense   ndum et abbatis quamdiù advixerit ad officium peragendum, quod est in comitatu Redence in honorem sancti Ja[cobi] fundatum cum affrontacionibus suis, scilicet : ab altano ad Con[gost] et ad rivum de Frau, et per real ad serratum qui est infra [   ] et fontem major, et exit ad Sougra juxta viam publicam que exit [   ] et a[d il]la parada . De aquilone, de dicta parada per rivum qui ascendit sublus rupem de Cher Sarrazi et exit ad Petram Caudam, et vadit per flumen Rebentini usque ad molinarem qui inde est super gorg d'aplec, et de molino ad sapinum de couma de Cher . De circio, in plano Bonerie [2] ad campum de maurs et ad serratum de Tastafanas [3], et descendit ad aquam de Remunes et a[d il]la haur de Munes, et ascendit Remunes usque ad Favares . A meridie, de dicto Favares sicut aqua descendit ad collum de Montlait et ad cher de Plana, et ad

---

[1] Une tradition conservée à Jocou attribue à l'an 908 ce diplôme qui nous est parvenu sans date, comme plusieurs de cette époque. Ce texte a subi de graves altérations dans la copie, et l'orthographe des noms de lieux ne saurait être acceptée comme exacte ; son authenticité ne peut pas cependant être mise en question. On y trouve mention de presque toutes les paroisses du Capcir vers l'an 900.

[2] Bouerie ?

[3] Tastafauas ?

collum de Perafixa, et per real de Feveres usque ad viam que exit de Joco et vadit apud Castrum Por usque ad collum de epo, et descendit ad Casellas de serrato ad aquam de Rebentino, et vadit ad Congost antedictum. Est autem præfatum monasterium super fluvium Rebentini situm, quod condonamus atque concedimus a jam dicto Sal[amoni] abbati prælatione regendum ac gubernandum, cum cellulis suis et ecclesiis pertinentes ad ipsum locum, cum decimis et primitiis et oblationibus suis, et omnibus juribus civilibus vel ecclesiasticis, scilicet : sª Maria de Fromigueria, vel sancto Salvatore de Angulis, et sancto Martino de Riutorto, vel sancto Sebastiano de Fonte Rabioso, et sancto Romano de Real cum villulâ de Caramat, et sº Johanne de Campanano, vel sª Mª de Gessa, et ecclesia sancti Thome apostoli que est sita vel fundata in ipsius loci sancti Jacobi, et ecclesiam sᵉ Marie de Cher alt ¹ cum ejusdem villulâ, et ecclesiam sⁱ Jacobi [   ] que sunt pertinentes ad ipsa loca, sine ullo censu et sine ullo synodo; et quicquid deinceps divina providencia ² eodem monasterio augere voluerit sub affectu famuli dei Salamonis, committimus regulariter disponendum. Ita tamen quod nullus rex, comes, aut marchio, secularis vel clericalis falangia, in predicto monasterio vel in villulis suis aliquam habeat potestatem, sed abbas ipsius monasterii plenam in omnibus habeat facultatem. Unde et hoc nostre auctoritatis preceptum fieri eique dari jussimus, per quod precipimus atque jubemus ut predictus abbas Salomon, dum advixerit, abbas et frater monasterii Jocondiensis habeatur, et post exitum ejus quemcumque ex se fratres eligere [voluerint] abbatem habeant. Quod ut verius credatur, propria manu illud firma[vimu]s et annulo nostro subsignari jussimus.

Signum Karoli regis gloriosissimi.

(Pub'ié par J. Castelnau, d'après une copie de 1570 des archives de Jocou, dans le nº 19 des *Publications de la Société Archéologique de Montpellier* (août 1852), pag. 263-264. Cette pièce existait au XVIIᵉ siècle aux archives du Chapitre de Saint-Paul-de-Fenouillet.)

¹ Église de Quirhaut, au N. E. de Jocou.

² La copie porte *divina pacis*.

IV

Donation du lieu de Saint-Pierre de Cedret à l'abbaye de La Grasse par Redlindes dite Richica [1].

908

In nomine domini . ego Relindes, que alium nomen vocant Richica; magnum mihi et satis licitum esse videtur domum dei diligere ubique, et de meis rebus honorare atque concedere, audiente me predicationem sanctorum quia elemosina a morte liberat animam: cognoscens me pecate macula [   ] divina pietate ut pius et misericors sit dominus m[   ] Propterea concedo atque trado ad domum sancta Maria cenobi que dicitur Crassa, dono villam cujus vocabulum est Cedreto [2] cum ipsa ecclesia sancti Petri cum decimas et primitias et oblationes fidelium vel cum omnes terminio vel agacentias suas . quam mihi advenit per emptori modo [3] Unitiscle vel per comparationem . sic dono atque trado ab omni integritate et habet affrontationes ipse alaudes cum ipsa ecclesia de uno latere in villa Egils [4] vel per medium decursum quomodo aqua vergit et deabalatur intus per media silva et usque in cacumine montis altioris cum ejus aquis, et de tertio latere affrontat in villa Isavals [5] vel in ejus terminis, et de quarto latere in villa Eisiniga [6] vel in ejus terminis . quantum infra istas quatuor affrontationes includunt, sic trado ab omni integritate deo et sancta Maria et abbati [Witiz]ani [7] et omnibus fratribus ibidem deo famulantibus : idem ecclesia sancti Petri cum decimis et primitiis

---

[1] Le territoire de Cedret est situé à l'extrémité sud-ouest de la commune de la Tour de Querol en Cerdagne.

[2] Il faudrait *Sudredo*, d'après l'indication du *Gallia christiana*.

[3] Lisez *advenit proienitori meo Vuitiscle* ?

[4] Guills, dans la Cerdagne espagnole.

[5] C'est le hameau d'Iravalls.

[6] Mns *eisiniga*. C'est le lieu de Ser ja.

[7] Le mns. porte *Ioanni*. C'est une erreur manifeste, car le *Gallia christiana* cite ce document dans les termes suivants : *Anno x. regnante Carolo filio Lodovici, illustris femina Relindis Witizano abbati concessit alodem de Sudredo.*

in castris [1] casalibus in ortis ortalibus et cum ipsas fontes que ibidem emanet, vel terras que in circuitu sunt, sicut superius scriptum est, cum aquis que de monte descendunt, cultum vel incultum, viaductibus vel reductibus earum, pratis pascuis silvis et garricis aquis aquarum, et cum omnia exia vel regressia earum. de meo jure in vestro trado dominio. Si quis sane, quod fieri minime credimus esse venturum, quod si ego donator aut ullum hominem vel femina ista charta donationis vel elemosinarii venerit ad inrumpendum, non hoc valeat vindicare quod requirit, sed componat ipsum alaudem cum ipsa ecclesia in duplo et in antea ista charta hujus donationis firmis et stabilis permaneat omni tempore. Facta charta donationis anno decimo regnante Charolo rege filio Lendevico. Sig+num Relindes qui hanc donationem fecit et firmare rogavit +. Undita p.p.p. signum Egila + Vassio + Dacho per (presbiter?).

Mefredus presbiter qui ista charta donationis scripsit sub die et anno quo supra.

Stephanus de Mantico hanc chartam translatavi de betula in nova.

(Archives départementales, B 3. — Copie d'après un acte sur parchemin conservé aux archives du prieuré de Cornella de Conflent, avec deux mots illisibles, l'un à la 4e ligne, l'autre à la 5e, faite par François Hogueras, notaire de Perpignan, certifiée par Henry Pallès, juge de la viguerie de Conflent et Capcir, le 10 février 1722 : — papier.)

V

Donation de la villa de Rohet en Cerdagne à l'abbaye de la Grasse, par Bella et son fils Raymond.

913

Magnus est titulus cessionis in quo nemo potest actum largitatis inrumpere, sed quicquid gratuito animo et bona voluntate [datur?] debet liuenter ei cui collata fuerit cessio irrevocabilis modo perenniter instabilitari. Ego igitur in dei nomine Bella et filius meus Regimundus comes [2] considerabimus in animis nostris quantum sit redimendi vel [paradisi] patriam possidendi : idcirco reminiscimur bonitatem Dei

[1] *Cum casis?*
[2] La signature semble indiquer un *vicecomes.*

dicentis : Date elemosynam et ecce omnia munda sunt vobis. propterea in iam [1] nos supradicti donamus ad domum Sce Marie Crassa [2] alodem nostrum in valle Cerdanie, ipsa villa Roseto, casis casalibus ortis ortalibus, terras silvis garricis, aquis aquarum vieductibus vel reductibus omnia que in eis sunt [et] visi sumus vel possidere debuimus, ab omnem integritatem cum adiacentias suas; et est terminus de una parte iuxta flumen Segor [3], et de secunda parte in rivo qui descendit de villa Allone [4], et de tertia parte in torrente unde veniunt Sellagosa, et de superius in cacumine montium usque ad ipsas divisiones de villa Esna [5]. Propter eam donavimus atque tradimus a Sancta Maria Crassa [6] et ad Guiticane [7] apate vel ad monachos suos qui ibidem sunt vel qui successuri erunt, ad luminaria sancta dicte ecclesie concinnanda et stipendia monachorum et elemosynam pauperum, ut ne pigeant pro nobis orare ad dominum et pro filio nostro Vnifredo . qui fuit quondam, ut post hodiernum diem teneant et possideant isti monachi de sancta Maria Crassa [8] omnibus diebus et quicquid ex inde facere vel judicare volueri[n]t liberam atque firmissimam in dei nomine habeant firmitatem . Si quis sane, quod fieri minime credimus esse venturum, quod si nos donatores aut aliquis homo propinquus vel externa persona qui ista carta inquietare presumpserit, istum superius nominatum vobis duplex vel triplex componere faciat, et in primis iram dei incurrat, et a liminibus sancta dei ecclesia extraneus efficiant, et ista firmis et stabilis permaneat omnique tempore et ne sit disrupta . Facta carta donationis tertio idus julii anno decimo sexto regnante Carolo rege filio Ludouico. Sig+num Bella. Reymundus s + eccomes(sic) s +Vatoni. s+ Asneri . s + Renulfo . s + Galindoni . s + Atili . qui hanc carta ista fecimus et testes rogavimus ad firmandum . Lopus suscrixid.

S+ Guntalex presbiter rogatus scripsit sub die et annos+ quo supra.

(Archives départementales, B 3 ; — copie sur papier d'après l'acte sur parchemin, faite à Puigcerda le 9 juillet 1632, certifiée par Pierre Rufasta, Étienne-Raymond Ricart et Jean Ricart, notaires de Puigcerda.)

[1] *Inquam ?*

[2] Mns *la Grassa.*

[3] Rivière du Sègre.

[4] Lló.

[5] Eyna.

[6] Mns *la Grassa.*

[7] L'abbé Vuitiza.

[8] Mns *la Grassa.*

VI

Donation d'un alleu dans la villa de Salses, faite par Sidila à Sonier, abbé de la Grasse.

943

Magnus est titulus sensionis in co nemo potest hactum largitatis inrumpere sed qui quid cratuito animo et bono uoluntate libenter debet ei cui conlata fuerit donacio inreuocabili modo est perenniter [1] stabilitum Ego igitur Sidila in dei nomine con et deerauimus [2] in animis meis quantum sit faciendum pro pecatis redemendis uel paradisi patria posidendi Idcirco reminiscimus dei bonitatem dicente propheta Date elemosina et ecce omnia munda sunt uobis Proter (sic) ea ego iam dictus uindictam abeo vt aliquid de facultatibus nostris donare debuero sicuti et dono ad caenobii Sce [3] Marie Crasa et a presentem Soniario abba uel a cunta concrecacione ibidem deo famulantibus tam presentes quam futuros Et est ipse monesterius in comitatum Carcase in pago q; nucupant Ualle Equitania Et est situs supra fluuium Urbione.m (sic) Icirco nos supra scripta donaui ego a prepata ecclesia aloudem meum quem abui in comitatum Resolionense in uilla Salsinas uel in eius terminum Id est casis casalibus curtis cum exio et recresio terras uineas ortos cum arbores ortales pratis pasquis siluis caricis aquis aquarum uieductis uel reductibus earum omnia et in omnibus qui quid uisus sum abere uel posidere in iam dicta uilla quo superius insertum est cum illorum agecencias et cum illorum afrontaciones cu exio et recresio earum cum omni uioci (sic) aposicionis me sine ulla reseruacione Et adueni mihi ista omnia tam de parentorum quam dex (sic) comparacione Quod superius est scripta Hec omnia dono et concedo ad iam super nominato monesterio et a monacos ibidem deo famulantibus propter remedium anime me elemosina pauperum et estipendia monacum e luminari sca dei ecclesia

---

[1] Le second e de ce mot est cédillé. Cette pièce intéressante pour la philologie est exactement reproduite d'après l'original.

[2] Le scribe a mis sans doute con et decrauimus pour consideravimus.

[3] Sancte.

concinnanda ad iam dicta casa dei ut ipsi monaci qui ibidem sunt uel
qui post eos succesuri erant(sic) non pigeant orare a dominum pro me
Quem uero hec omnia superius scripta de nostro iuro in uestro trado
dominio potestatem abendi uendi donani[1] et quiquid exinde facere
uel iudicare uolueritis maneat uobis firmisima potestas omniq; tempore Si quis nos od ullus omo in hoc mundo qui donacione ista
extraere uel defraudare uoluerit ad ipsum monesterium uel concrecacione sce Marie fac illis Dñe sicut fecisti Coree[2] Datan et Abiron
et cum Iuda tradtore qui deum tradi[3] participacione haccipiet in diem
iudicii et in hoc seculo nuquam bene enueniet AMEN Si quis nos od
aliquis deredibus[4] nostris aut quislibet homo subposta persona qui
contra hanc donacione ista uenerit ad inrumpendum od nos facta
uenire tentauerit aut causa reprcensus erit quicumq; hoc fecerit sit
uobis culpabilis auri solidis xxx et insuper ipsum aloudem dupliciter
componere faciant et coatus exoluat e qui petit non ualeat uidicare
cum stipulacione compreensa in omnibus ab etnrmitatem (sic) Facta
carta donacione ista iii idus acusti anno viii regnante Lodouico rege
Sig+n Sidila qui hanc donacione ista fecit e firmare rocaui Sig+n
Guifredus Sig+ Geribernus Sig+n Stpfanus.

+ SICARDVS PBR qui ista donacione scripsi [5]sub die et anno
quod supra.

(Archives départementales, B 35; — original, ancien parchemin
du Domaine nº 388.)

VII

Consécration de l'église de Saint-Julien de Ribelles ou de Prunères,
par Gotmar, évêque de Gerona.

947

In dei nomine eterni et salvatoris nostri Jesuchristi . sub die xii kal.
martii anni incarnationis domini noningentesimi quadragesimi quarti [6],

[1] Pour vendendi donandi.
[2] Les deux e sont câblés.
[3] Pour tradidit.
[4] Pour de eredibus.
[5] Paraphe.
[6] L'an 944 ne correspond pas avec l'an xi du roi Louis; il faudrait septimi,
(vii) au lieu de iiii. Cette copie est d'ailleurs la plus corrompue de toutes celles
que comprend ce recueil, et il y a plusieurs mots et passages qu'il est impossible
de restituer d'une manière sûre.

indictionne quinta, veniens vir reverendissimus Gotmar, sante Gerundensis ecclesie episcopus, ad consecrandam ecclesiam que est scita in
comittatum Bisuldunense. in locum que nuncupant valle Ribellas vel
in ipsa Prun[er]a [1] in honore santi Juliani martiris Xpi. Cunctorum
fidelium devotioni congrui[t] ut ad celestiam patriam toto desiderio
anelant, qi. (sic) quatenus santi[s] monitis inherendo celestium bonorum pociantur effectibus. Nunch igitur secuti sunt more ab exordio
sante ecclesie omnes religiosi santique viri qi in ipsa ecclesiastica
edocati piis operibus insudare. Id circho Segarius et Amelius q. et
Acfredus leuita et ipsa ecclesia inutret (?) et aug[m]entare satageret [2].
Hoc itaque formam sequentes, oportet nos sue (?) roborati ad celestiam
patriam inspicere, ut, ad caducam respuentes, ad sublimia manentia
toto ad visu (nisu) tendere valeamus. Ego Acfredus leuita dono ad
domum santi Juliani libros Lection. duos; duos Missales duos Anti-
phonarios unius anciliario (?) unius calice cum patena et vestimento
ad missa cantare. Denique in dei nomine. ego Segarius et Amelius et
Hacfredus leuita donamus ad domum santi Juliani super roborati,
propter remedium aninne genitori nostri Elderico et beuitrice (genitrice)
nostra et propter remedium aninne nostre, dono ego Segarius campos
duos unum ad Castello Allone et alterum ad Trasdosso, et vineas duas
ad ipso Fraxano, cum illorum affrontationes; Et ego Amelius dono
campo uno ab ipso exarco sub'us Equa morta. Et ego Acfredus dono
ipsa terra ubi ipsa ecclesia est fundata. de parto orientis affrontat in
ipso rio vel in ipsos etuigentes (juncedes) de alios rios, et de meridie
affrontat in ipsa comma de Carmancone et ascendit ad ipsas Palomi-
narias vel in ipso concurrente, et de occiduo affrontat in ipsa Casa de
ipsa deiuota et descendit per ipsos Prunarios usque ad ipsa comma.
de parte circi affrontat in ipsas commas usque ad ipso Rio Majore. Et
ego Sindila dono in comittatu Rossilionense in Valle Spiri, in locum
que voccant ad ipso Stagnario, vinea que mihi aducnit per ex compe-
ratione : et affrontat ipsa vinea de uno lat. in vinea de Adouigo, et
de alio lat. in vinea de Ermigaudo, et de tercio latius (sic) in vinea
Maria, et de quarto latius in vinea de me donatore. Et nos super
scripti fratres donamus ad diem dedicationis ad domum santi Juliani
hec omnia ad prelibatum domum santi Juliani perpetui pocessura,

---

[1] Saint-Julien de Ribelles, au nord-est de Camprodon, confrontant avec Vilaroja
et Costujes.

[2] *Satagerunt?*

2

propter remedium anime genitori vel genitrice nostre et animas nostras, quod amodo et deinceps ad ipsum locum vel ministros ibidem Deo servientibus ad augmentum vel suplamentum perficiat . q͞e. ppo (perpetuo?). Et ego Gotmarius gratia dei Gerundensis episcopus, tanta devotione spiritu santi inbutus nobilissimi viri, cedo ad ipsam ecclesiam supra scripta santi Juliani martiris Xp͞i ipsas Ribellas vel ipsa Prun[er]a, qui affrontat de orientis in ipsa archa vel in Principio, de meridie in ipsa Alibadia vel in Liaburlario(?), et de occiduo affrontat in ipsas Falgarias vel in Campo Samuci, de parte vero circi affrontat in Villa Rubia. Hec omnia super roborata ego Godmarius humilis episcopus sante Gerundensis ecclesie ibidem dono decimas et primitias et oblationes fidelium, concedo ad ecclesia super roborata santi Juliani martiris Xp͞i cum fines vel ajacentias suas composito, constituens atque episcopale censura ut per singulos annos ad domum sante Marie sedis Gerunda solidadas duas de cera et sinodum custodiendum accipiat, sicut in canonica auctoritate insertum est, ut nihili in post modum hoc in nostrum doctis (dotis) decretum nulla tenus violari liceat, sed in commissa (inconcussa) omni tempore et inviolabile permaneat. Digesta est autem hec scriptura dotis xii. kal. martii anno undecimo regnante Leadouico rege filio condam Karoli : Gondemarius sante ecclesie Gerundensis humilis episcopus +.

Febriarius qui hunc dotte scripsit + sub die et anno quod supra.

Copia .. sumpta .. a quodam libro antiquo pergameneo magne forme menbranis etiam pergameneis tecto, sich in primo foleo eiusdem intitulato *Liber priuilegiorum et aliorum titulorum* de littera n in eodem primo folio signato .. in quo hujusmodi donatio et alia etiam privilegia et rescripta apostolica et regia dicto monasterio concessa sunt scripta; et per me Josephum Gostar auc͞te admod. rev. et religiosi conventus abbatia vaccante monasterii s. Petri ville Bisulduni ordinis s. Benedicti dioc. Gerunden. notarium publicum, substitutum a magnifico d͞no Joanne Petro Fontanella u.j.d. cive honorato Barchinone d͞no utili et proprietario notarie publice dicte ville bajulleque et viccario Bisulduni et ejus pertinentiarum, dictamque notariam pro eo regentem, inventa et conservata inter scripturas publicas ejusdem notarie Bisulduni, hic me subscribentem +. (Copie sur papier faite vers 1636; Joseph Gostar fut ensuite notaire à Collioure, de 1640 à 1648.)

(Archives départementales, série H: abbaye de S. Pierre de Besalu.)

VIII

Consécration de l'église Saint-Pierre de la Serra (la Trinité sous Bellpuig), par l'évêque Riculfe.

953

Dotalia et terminacio ecclesie Sci Petri de Serra.

Quoniam sicut dudum ex latere dormientis Ade fabricata est Eua [1] similiter [2] ex latere Xpi in cruce fabricata est ecclesia. [Bene]dictus per omnia Deus qui tali favore talem exibuit medelam, ut peccatum in quo primus parens ceciderat in mirum proprio cruore detegeret, et decursum (?) obediendo ipsum restitueret in loco unde primittus per inobedienciam ceciderat, et nouit [3] semel ipsum non dedignatus subdere ut morte de vita sibi sonaret [4]. Ideoque in dei nomine anno incarnacionis domini noningentesimo [5] quinquagesimo et tercio .II. kls febroarii adveniens serenissimus et vener. Ricolffus Elnen. episcopus in Valle [6] Asperi in Serra ad consecrandum ecclesiam in honorem sancti Petri apostoli, presentibus bonis hominibus, archidiaconos clericos et milites, et multos alios homines quos amor d[ivi]nus complacuit venire ibidem. Jdeo ego jamdictus pontiffex dono et laudo domino deo et sancto Petro apostolo et reliquis sanctorum ipsius ecclesie, primicias decimas et alodes et oblaciones fidelium ques hodie habet vel de cetero adquisitura erit. Et ut sit subdita sancte Eulalie sedis Elne, et clerici ipsius ecclesie vel sacrista persolvant annuatim octo solidos et octo denarios monete curribilis per sinodum, capellanus quatuor solidos et quatuor denarios. In et super, auctoritate [nostra] et [hic?] terminis ipsius ecclesie et parrochie diligentissime inserere curamus : et affron. de ;. latus in flumine de Bula [7] usque ad culmen [8] Porte, et ex hinc de secundo latus in flumine Teullicii [9] usque in junctura fluminis Boclaci, et ex hinc de tertio latus ad Fabrias [10] per eundem flumen, de IIII° latus in Pruneto. Si vero infra

---

[1] Mns *Qua*. — [2] Mns *inter*. — [3] *Morti?* — [4] *Sanaret?* — [5] Le mns porte *millesimo quadringentesimo septuagesimo et tertio*. — [6] Mns *uilla*. — [7] Le ravin du Bulès. — [8] Mns *culmerus*. Le sommet ou coll de la Porta est le passage de la tour de Batéra. — [9] Taulis. — [10] Lieu inconnu ; nom sans doute mal écrit.

dictos terminos ecclesia vel aliqua loco (loca) devota vel religiosa in sua [parrochia?] fuerunt, in obediencia ecclesie predicte Sancti Petri et in regimine ejusdem, auctoritate de qua fungimur subponimus in eternum. Facta fuit hec scriptura regnante Ludouico rege filio Caroli.

(Archives dépar.ementales : *Procuracio real*, reg. XXXI, f° 142-143, B 35, transcription de la fin du xv° siècle.) — Cette copie fut faite d'après une attestation d'authenticité délivrée le 9 mars 1441 par Michel Peris, vicaire général et official de Galcerand, évêque d'Elne, à la requête de Michel Vilar, de la paroisse de S. Pierre de la Serra, au nom de Bernard Scriva, paroissien et *obrer* de ladite église, et sur la présentation de *quendam librum in pergameno et de littera formata antiqua scriptum*, Legendarum *vulgariter nuncupatum, postibus coho. pertum et ligatum : qui quidem liber in sui prima pagina in rubro incipit* Passio Sancti Petri apostoli qui passus est Rome, *et in nigro in sui prima pagina incipit sic* Tempore igitur Neronis Cessaria (*sic*) erant Rome etc. *et in ultima pagina ultimi folii ejusdem libri est scripta dotalia et terminacio dicte ecclesie Sci Petri de Serra.* L'écriture est reconnue authentique, *attento eciam quod in diversis et pluribus libris diversarum ecclesiarum parrochialium dioces.* Elnen. *reperimus et legimus script. dotalie ecclesiarum earumdem.* Suit l'attestation de quatre notaires d'Elne.

IX

Donation de la villa Lepuraria à l'abbaye de S. Michel et S. Germain de Cuxa, par Dadila.

955

In nomine Domini . ego Dadila donator sum dei et sancti Michaelis Archangeli et sancti Germani senobium situm in valle Confluente iuxta flumen Literano locum que vocant Cuxano . dono ego alaudem meam que michi auenit pro camiatione de congregatione sancti Michaelis Archangeli. Et est ipse alaudes in suburbio Elenense in valle Confluente in villa que vocant Lepuraria[1] . dono ego in ibidem uilla vel in ejus terminis vel in ag[ac]entiis suarum, kasas casalibus ortis ortalibus cum illorum arboribus, terras cultas vel incultas, pratis pasquis siluis garriciis aquis aquarum via ductibus . et afrontant ipso

[1] La *villa Lepuraria* ou Llebrera était située près du Lentillà en Conflent, entre les territoires de La Bastida, Valmanya et Vallestavia (Mas de Rebollèdes?)

alaudes de una parte in Valurtii, de alia in ipso collo de Lepuraria, de tertia in flumine Lentiliano, de quarta in ipso collo de Palumarias[1]. dono ego ipsum alaude supranominatum a supranominatum senobium et Gondefredo abbati et monachis ibidem deo servientibus presentes et futuros, sic dono ab integrum [quicquid[2] continetur] infra istas quatuor afronta[tiones   ] propter remedium anime [mee . Si quis contra ist]a scriptura donatione vel [   ]t uenerit ad inrumpendum, in primis [iram] Dei i[nc]urrat ei maledictus in infernum descendat, et portas paradisi extraneus efficiatur. et in antea ista donatio firmis permaneat omnique tempore et non fiat dirrupta. Facta karta donatione vii. chalend. madii anno Primo regnante Lutario rege filio Ludouici. Sig+num Dadila qui ista donatione feci et testes firmare rogaui. Sig+num Elias. Rodemundus. Sig+num Elias.

Daniel pbr qui ista donatione scripsi et + die et anno quo supra.

(Archives départementales : papiers de la famille d'Oms, série E ; — copie du 28 juin 1636, faite d'après un parchemin des archives de Cuxa.)

X

Donation de la villa de Fillols à l'abbaye de Cuxa par le comte Seniofred.

959

Hoc est translatum ab originali fideliter sumptum verbo ad verbum nichilque addito nichilque diminuto, quod sic incipit.

In nomine Sce et indiuiduc Trinitatis. Ego Senicfredus gratia dei comes . donator sum dño deo sanctoque Michaeli et beato Germano confessore Xpi ipsum meum alodem quod habeo vel habere debeo in suburbio Elenense in valle Confluente in villa de Fulols . uel in eius fines et terminos. Id est casas casalibus . ortis ortalibus . cum arboribus pomiferis . uel in pomiferis . terras vineas cultas vel heremas pratis paschuis silvis garricis aquis aquarum molendinis molendinariis

---

[1] Le coll de Palomères, entre La Bastida et Valmanya.

[2] Il y a quelques lacunes provenant d'une déchirure du document.

vieductibus vel reductibus cum exi[ti]bus et regressibus suis et cum
firmanciis et iusticiis omnium hominum in eis habitantes . et arsinas .
et homicidias . et cucutias et placitos et cum omnibus servitiis . et
ademperamenta[1] que ibi habebamus et cum aquis . et boschis et cum
omnibus his que de dominio et potestate nostra unquam fuerunt . ut
sint propria de Sco Michaele et Sco Germano sine ullo contradictu.
Et est hec omnia in valle Confluente in suburbio Elenense in predicta
villa Fulols. Et affrontant hec omnia de uno latus in aqua Literano .
de alia in monte Chanigono . de iiiª in loco que vocant Matres . de .
iiiiª in termino que vocant Guadel . qui vadit ad Corniliano . de . vª
in loco que vocant Riuo Merdario. Quantum vero habeo vel habere
debeo siue alodem sive feuum . sive compra . sic dono dño deo et Sco
Michaele et Sco Germano totum ab integrum omnia in omnibus sine
ulla reservatione. Quod si ego donator aut ullus quis[2] contra donationem venerit ad inrumpendum non hoc valeat vindicare . sed componat in duplo quod superius resonat cum omni sua melioratione . et
ista donatio firmis et stabilis permaneat modo vel omnique tempore.
Facta est hec donatio pridie kl octobr. anno . vº. regnante Leutario
rege filio Leudeuici.

Soniefredus comes ✠. Sig+num Ennego. Sig+num Rimallus[3].
Sig+num Audericus.

ADROARIVS presb[ite]r . qui hanc cartam rogatus scripsi et +
sub die et anno qº supra.

[Anno] Mº.CCº I.[| kl. octob[| hodierno [   ] et non
sunt M.CLXXX.]   j.

(Archives départementales B 3; — copie du xiiiº siècle, ancien parchemin
du domaine, nº 125 ; — et copie sur papier du xviº siècle sumpta ex
sententia lata in favorem Prepositi de Fillols an. 1267.)

[1] Il faudrait *adempramenta*.

[2] Mot illisible sur le parchemin.

[3] Nom effacé en partie ; la copie sur papier porte *Remallus* (Reinallus?).

XI

Concession de pacages à Coma de Vaca et Coma de Freser, par Oliba, comte de Besalu, en faveur de Fregeburge, abbesse de Saint-Joan[1].

966

In dei nomine sit notum cunctis presentibus atque futuris quod ego Oliba dei gratia comes Bisuldun. dono et concedo monasterio Sti Johannis et tibi Frigeburge[2] abbatisse et tuis sodalibus in perpetuum portum quod dicitur Coma de Vacca et Coma de Freder[3] cum earumdem finibus et adjacentiis, a serra de Morenz[4] usque ad Colomera et a Podio de Turrinebulis et Collo de Penradon[5] usque ad Collum de Tresirs[6] sicut revertitur usque ad Morenz[7] . quantum infra istas affrontationes includitur sic dono vobis et successoribus vestris per franchum alodium, quod nullus mitat ibi peccora vel jumenta sive cuiuscumque generis sint animalia ad pascendum, contra vestram voluntatem, sed vos habeatis et teneatis paciffice per omnia secula dictas comas montes et colles serras et planos infra dictas affrontationes inclusas, ad peccora vestra pascenda et quibus volueritis, et ad omnes vestras voluntates perpetuo faciendas sine omni contradimento tocius persone. Hanc donationem vobis facio pro melioramento illius commutationis quam vobis fecimus de montaneis de Malanno[8] pro montaneis de Camporotundo. Si quis hoc infringere voluerit facere non valeat sed firmum semper permaneat[9]. Quod est actum vi kls julii[10] anno xii [regnante] gloriosissimo Franchorum rege[11] Lautario.

✠ Oliba comes qui hoc firmo et testes firmare rogo. Sig✠num Gribertus[12]. Sig✠num Berengarius Eldemar[13]. Sig✠num Ermengaldi. Sig✠num Ennegonis. S✠ Embromares pbr.

DVRANDVS pbr qui hoc scripsit ✠ sub dio et anno quo supra.

(Archives départementales: *Procuracio real*, reg. XXIII, f° 166 v°, copie du 22 septembre 1428, B 231; — autre copie sur papier, de la même époque, B 3.)

[1] Abbaye appelée plus tard Saint-Jean des Abadesses, au-dessous de Camprodon.

[2] La première copie porte *Ffregeburdi*.

[3] La seconde copie, *Vacca de Freser*.

[4 à 12] — variantes de la seconde copie: [4] et [7] *Morenç*; [5] *Penqadr*; [6] *Tresfits*; [8] *Melanno*; [9] *maneat*; [10] *maii*; [11] *Leutario rege*; [12] *Girbertus* (lisez *Eribertus?*).

[13] Cette signature et les deux suivantes manquent dans la seconde copie.

XII

Testament de Seniofred *levita*, **où il dispose de ses biens en faveur de diverses églises et de son fils Armany.**

967

Scriptura[ru]m series declarat ut quicumque enim vult evadere æternum supplicium, de rebus istis transitoriis debet sibi preparare viam salutis æterne. Ob hoc igitur, in Dei nomine, ego Seniofredus levita, timeo et paveo pœnas inferni, et cupio pervenire ad gaudia æteɪna paradisi. Deo propicio, sano animo, sed humana fragilitas metuens kasu ne, quando absit, repentina mors mihi perveniat, ut una meum testamentum fieri volui, ut, dum tempus vitæ meæ mature devenerit, universa que notavero darique jussero, firmum et stabilitum permaneat, ut robori suo obtineat firmamentum, et enim remedia cœlestia sunt querenda. Tum primum sic jubeo atque discerno, ut fiant manumissores mei id est Adonet (Adone?) et Franchonet (Franchone?) presbytero, et Teuderico presbytero : et precipio vobis ut si ego in isto itinere [1] obiero vel a seculo migravero, dividere faciatis omnes res meas mobiles vel immobiles que ego vobis injungo vel manumitto. In primis, id est ad cœnobium sanctæ Mariæ que vocant Arulas, scriptura donationis faciatis de alodem meum in locum quæ dicunt Palaciodano [2], ipso meo villare trade[ti]s vel alia omnia quantumque ego habeo infra fines et terminos de jam dicto Palaciodani vel in parrochia sancti Martini, et in Valle Ventuosa [3] similiter, et in villa Lupiani similiter. Et præcipio vobis ut ad cœnobium sancti Michaelis Archangeli, qui est fundatus in locum quæ vocant Cuxano, scriptura donationis faciatis de omnia quantumque ego habeo in terminis de Monte Baudone [4] vel in ipso villare quæ dicunt Sa[l]vatichos, sive in ipso Petrasio (Petrario?) vel in ipsa Clotta, quantumque in jam dictis habeo vel habere debeo. Et præcipio vobis ut ad domum sancta Eulalia sedis Elnensis mater ecclesiarum Rossilionensium, scriptura donacionis facia[ti]s de omnia quod quantum ego habeo in villa Maliola [5] vel infra ejus fines et terminos, excepta ipsa vinea

---

[1] Ce passage indique que Seniofred partait pour quelque pèlerinage. — [2] Palaldá. — [3] Vollventosa, au territoire de Corbera. — [4] Montbold. — [5] Malloles.

quem vocant Palatio Monnos que dono ad domum sancta Maria in jam dicta villa. Et ad Olibano filio Belielde femina de Villanova [1], scriptura donationis faciatis de omnia quantum habeo in villa Bruliano, exceptas terras quæ sunt in locum quem dicunt Darnago [2], et in villa Tacidone Subteriore similiter; et ad Olibano filio jam dicto donare faciatis ipsas vineas que sunt in locum quæ vocant Jaci [3]. Et ad Albouino donare faciatis omnia quantumque ego habeo in ipsa Rocha et in Rio Profundo [4] vel habere debeo, et ex inde precium donare faciat solidos L in manu de istos jam dictos manumissores : et ipsa scriptura que feceritis ad Albouino, equaliter faciatis ad uxore sua. Et precipio vobis ut scriptura donationis faciatis ad Bentione, de omnia quantumque ego habeo in Monte Forcheto [5] vel infra ejus fines et terminos, vel in ipsos Pilosas de Villanova. Et ipsas meas vachas donare faciatis propter remedium animæ de genitrice mea vel propter remedium animæ [meæ?], quæ fuerunt de genitrice mea, majores vel minores. Et ipsas meas III. [vachas] proprias, donare faciatis ad Armagno filio meo. Et ipsos porchos, ipsas duas partes, donare faciatis propter remedium animas nostras. Et de ipsas equas, donare faciatis ipsas duas partes propter remedium animæ de genitori meo vel de genitrice mea : et ipsam tertiam partem donare faciatis ad Armagno filio meo et ad matre sua [6]. Et ipsas oves, ipsa medietate donare faciatis propter remedium anime de genitori meo vel de genitrice mea, et alia medietate donare faciatis ad Armagno filio meo et ad matre sua. Et præcipio vobis ut ad Armagno filio meo donare faciatis kaballo I. colore liarro, lancea, et dardum, scutum, et targa, et ipsum meum corse[ri]um. Et ad manumissore meo Teuderico presbitero, ipso meo banchale novo, propter remedium anime de genitori mei vel de genitrice mea. Et ipso choto vermilio que est in villa Vicho Elnæ et alium banchale vetulus, donare faciatis ad manumissore meo Franchone presbytero, propter remedium de genitore meo vel de genitrice mea. Et ipsa mea chortina donare faciatis ad domum sancti Stefani [7] mar-

[1] Il est probable que ce nom de Villanova s'applique au lieu dit aujourd'hui Montesquiu.

[2] C'est aujourd'hui le Mas Tardiu, au territoire de Saint-Jean-la-Cella.

[3] Quartier au territoire de Soreda.

[4] Riu Profond, au territoire de la Roca.

[5] Mont Forcat, paroisse de Saint-Martin d'Albera.

[6] Ce passage prouve que l'épouse de ce levita était encore vivante.

[7] Ancienne église dans la ville haute d'Elne, près de la cathédrale.

tyris Christi quæ est in villa Vicho. Et ipsos meos servos Adifonso cum filios suos et fratre suo Vischafredo, donare faciatis ad Adono meo advocato. Et præci, o vobis alios servos meos et ancillas [donare faciatis] ad filio meo Ardmagno. Et alios drapos meos que superius non sunt nominati, donare faciatis ad Ardmagno [1] filio meo. Et ipsa vexella que est in ipsa Rocha[2], ad domum sancti Felicis[3], vel ad cœnobium sancti Genesii donare faciatis. Abbomalde (ad Bomalde?) femina omnes areas (arcas?) meas, et servios (?) donare faciatis ad Ardmagno et ad matre sua. Et omnes tonnas quæ sunt in Vico Elnæ majores vel minores, donare faciatis ad Ardmagno et ad matre sua. Et ipso meo libro *Judicum*[4] donare faciatis ad domum sanctæ Eulaliæ matrem ecclesiarum Rossolionensium. Et asinos meos duos ad filio meo Ardmagno et matre sua; et omnes boves meos et ferramenta, donare faciatis ad filio meo Ardmagno et ad matre sua. Et omnem bladum meum quod est in comitatu Impuritano vel Gerundense, donare faciatis propter remedium anime de genitori vel de genitrice mea. Et precipio vobis ut omnem bladum meum que est in Monte Forcheto vel in cunctis aliis locis in comitatu de Ressolionense, ipsas duas partes de vimene (venimia?) et annona milium et legumen, donare faciatis propter remedium animæ de genitore meo vel de genitrice mea, et ipsam tertiam partem donare faciatis ad Ardmagno filio meo et matre sua. Dico vobis (?) de Centullo, non dono, sed dimitto cum filios vel filias suas' quia nullam rationem in eos non habeo. Ista hæc omnia, sicut superius scriptum vel insertum est, precipio vobis ut donare faciatis, propter amorem Dei et propter remedium animas nostras, et (ut?) superius diximus in sanctis Dei ecclesiis, in sacerdotibus vel in pauperibus vel ubique dicitur largire, ut animas nostras jam dictas dignas in consortio officiant (efficiantur?) beatorum ubi lux permanet et vita regnat in secula seculorum amen : et in antea iste brevis testamentum firmis permaneat omni tempore, sicut superius scriptum vel insertum est. Factum istum breve testamentum vii. kalendas septembris anno XIII. regnante Leotario rege filio Ludoici. Signefredus leuita qui hunc testamentum fieri voluit et fecit et firmare rogavit. — Quod superius erravimus subterius emendavimus : ipsos L. solidos de Albouino donare

[1] La copie ajoute *et* qui doit être supprimé.

[2] Il y a encore ici un *et* inutile.

[3] Saint-Félix de la Roca d'Albera.

[4] C'était sans doute un manuscrit de la *Loi des Wisigoths.*

faciatis ad *domum cœnobium* sancti Petri Apostoli ad Rodas, et ipsos
м.c. [1] solidos de Guitardo ad cœnobium sancti Quirici, et alios c.
solidos de Seniofredo et Olibane ad cœnobium sancti Andreæ, et alios
c. solidos de Odone ad cœnobium sancti Genesii; et ipsum alode de
Palatio Rodegario ad filio meo Ardmagno, et ipso manso de Vicho Elna
cum ipso ferraginale teneat et possideat [et] ad obitum remanead ad
domum sanctæ Eulaliæ [2].

Teudericus presbyter qui hunc testamentum scripsi et subscripsi
die et anno quod supra.

(Copie de Fossa d'après le Cartulaire d'Elne, fº 137 : Bibliothèque Nationale,
Collection Moreau; — publié par Honoré Pi, *Biographies carlovingiennes,*
pièces justificatives, page 9.)

XIII

Donation de l'alleu de Campells dans la Vall Pedrera (vallée de Ribes), faite par Isarn à l'abbaye de Ripoll.

968

In nomine dñi ego Ïsarnus donator sum ad domum Sca Maria
cenobii qui est in Riopullo . per hanc scripturam donationis mee dono
ad domum Sca Maria alodem meum qui michi aduenit de seniore meo
nomine Mirone Comite [3]. Et est ipse alodes in comitato Cerdaniense in
Valle Petrarie [4] in uilla que dicitur Campelles vel in eius terminos .
Ibidem dono ad domum Sca Maria casas casalibus curtis curtalibus
ortis ortalibus vineas vinealis molinis molinariis terras cultas vel
incultas in silvis in garricis in pratis pascuis in aquis aquarum vieductibus vel reductibus omnia et in omnibus. Qui affrontat ipse
alodes de parte orientis in flumine Februario [5], et de meridie in Gra-
dos, et de occiduo in Aspere, et de circi in flumine Riardo . quantum

----

[1] Chiffre douteux ; lisez c?

[2] Le scribe a omis les noms des témoins.

[3] Miro, frère du comte Oliba, plus tard évêque de Gerona.

[4] Lecture douteuse.

[5] Rivière du Freser.

infra istas quatuor affrontationes includunt sic dono ipsum alode sicut superius resonal ipsa mea heredidate ad domum Sca Maria ad integrum cum exiis vel regressiis earum. Quem vero ipsum alode de meo jure sic trado ad domum Sca Maria potestatem, propter remedium anime mee et de seniore meo nomine Mirone Comite. Et nullusque homo nec vindere nec donare nec comutare nec comprehendere nec aliquid contra facere non habeat potestatem. Et qui contra hanc ista carta donationis veneris (*sic*) pro irrumpendum aut ullusque homo inquietare voluerit, non hoc valeat vindicare, sed componat in vinculo ista omnia sicut superius resonat in duplo, et cum Daron (Datan) et Abiron q. (quos) terra vivos absorbuit participacionem habeat, et cum Iuda Scariot qui dominum tradidit in infernum alligatus sic fiat. Et in antea ista donatio firma et stabilis permaneat omnique tempore. Facta carta donationis xxº. (*sic*) kls aprilis anno xiiiiº. regnante Leutario rege fllio Leudouici. S+num Isarnus qui ista donatio feci et testes firmare rogaui. S+num Petrus. S+num Goiosus. S+num Ennego.

Enbertus pbr qui ista donatio scripsi et + sub die et anno quod supra.

Sig+num Ripulli Tornerii qui hoc fideliter translatavit anno dñi MCCLIIII. *quarto kls septembr.*

(Archives départementales, série B; — cahier des titres des possessions de Ripoll dans la vallée de Ribes, copie du commencement du xvᵉ siècle.)

XIV

Reconnaissance féodale des justices de Pla de Corts, faite par dame Minemille à Oliba, comte de Besalu.

976

In nomine domini ego Minimille domina de Plano de Curtis, accipio per te Oliba comitem, meum seniorem, ad feudam, propter hoc quod me et meos semper manu teneatis et deffendatis et meos, totas meas justicias que sunt meum alod de Pla de Curtis et de Boscheros [1] et de Vilarcello et de Olluis Sobira et Inferius et de Palatio et de Casteled.

[1] Bosquerons, Vilarzell, Olius d'amont et d'avall, Palau et Castelled, hameaux du territoire de Pla de Corts.

Et ego Oliba comes accipio te Minemilles et omnes successores qui ibi fuerint, cum tota ista honore et totam aliam quam habes, in mea garda et deffensione semper; et facio statutionem quod meos heredes similiter faciant per omne tempus, ita quod tu et tuos successores habeatis semper et teneatis istas justicias de parrochia Pla de Curts et de alia prescripta tua honore a feu per me et meos successores, et sic totum dono et firmo et laudo, videlicet homicidias, cugucias, firmancias et justicias que ibi esse possunt. Et insuper vobis dono omnes pasturals, aquas et aguals, boschs et meneres presentia et futura, et piscationes, sicut pertinere debent ad nostrum seniorivum, de Pog Lauro quousque pervenitur ad Volum [1], et de termino de Cered ad usque terminos ipsum Volo; et de ipsas tuas justicias et de tes senorius quas in Volone habes, te et tuos emparo. Quod si ego aut nullus homo venerit ad irrumpendum, non hec valeat vindicare, set firma et stabilis permaneat omni tempore. Facta est scriptura .v. kalendas augustas . anno .xx⁰.ii. regnante Leutario filio Lodeuarii [2]. Sig+num Minemille. Sig✠num Olibe comitis qui ista scriptura feudale seu donationis fecimus et firmare rogamus . sig+num Cimdofredus. sig+num Sperandeu. signum Lunesus. si+num Leupordus. sig+num Viuazane . et est factum in conspectu aliorum multorum proborum uirorum.

(Archives départ. B 16: *Liber feudorum C*, fᵒ 89 vᵒ. — Publié dans le *Spicilegium* (tom. III, p. 705) de d'Achéry; — nous l'avons aussi publié d'après le mns. dans la *Revue des Langues romanes*, 1873, p. 271.)

XV

Donation de la villa de Baso (Baho) à l'abbaye de Cuxa
par le comte Oliba et Ermengardz, son épouse.

988

Pleraque et enim antiquissima patrum exempla extant elæmosinam dandi, et vel, uti sacra scriptura declarat, quicumque vult evadere suplicium æternum debet sibi de rebus istis trancitoriis parare viam

[1] *Volum ou Volon, aujourd'hui le Boulou.*

[2] Lisez *Lodeuici.*

saluti[s] æternæ. Ob hoc igitur in dei nomine ego Oliba [1] gratia dei comes et Ermengards comitissa, his et aliis plurimis divinis præceptis instructi, ob remedium animarum nostrarum et oblatione (?) peccaminum nostrorum, volumus de rebus nostris honorare domum dei, et ideo donamus vel concedimus ad domum Sci Michaelis cenebium Coxani alodem nostrum quod habemus in comitatu Rossolionensi, id est villam que dicunt Bazone cum ecclesia Sci Vincentii et Sci Johannis qui ibidem est, cum decimis et primitiis et oblationes fidelium . et est ipse alaudis, casas casalibus, curtis curtalibus, hortos hortalibus, vineis vinealibus, pasquis pratis silvis garricis arboribus fructuosis vel infructuosis, et molendinis quos ibi habemus et aqua unde molent et villa Bazonis vigetur, et illorum chabitag cum deductu aquæ [2] quod accipiatur a Solario Orus[cii usque] ad locum qui vocatur Pennis de Milars, ubicumque [vel] ubique de flumen Thetis trahere vel apprehendere possit, tam per cultum quam per heremum sine contradictione ullius hominis deducatur, et vieductibus vel reductibus, cum exiis vel regressiis earum; qui nobis advenit per comparatione sive donatione vel pro qualicumque voce. Que affrontat ipse alaudis de parte orientis in termino Sci Stephani [3] in ipsa riba ultra Thet ad guad que vocant Tiraculs, et inde pervenit subtus ipsa Sigbot usque ad ipsa Bula [4], et sic pergit per media coma Labrega, et inde pergit per ipsa strada qui vadit per ipsa plana usque in ipso stagnol qui est ad ipsa mata ullastrina : de parte circi in termino de Beixano [5] in ipsa serra que est super Cabel, et per ipsa serra pervenit in ipsa gutina et descendit in ipso decursu aquæ qui venit de Cauce [6] et vocant Bule; de occiduo dessendit per ipsa Bula et pervenit in ipsa gardia, et sublus ipsa gardia pervenit in via ad Pediliano, et inde dessendit per ipso semitario qui est in ipsa garriga, et dessendit super ipsos Perelions, et inde per ipso termino de Villanova pervenit in medium flumen de Thet : de meridie affrontat in termino de Orle sive de Sca Eugenia ad ipsum Soler de Orucio vice comite, et inde dessendit subtus ipsa

---

[1] Oliba, comte de Besalu et de Cerdagne.

[2] Ce document constate en 988 l'existence du ruisseau de Cornellà et de Baho, avec droit de prendre l'eau de la Tet, depuis le Soler jusqu'à Millas. Ce ruisseau existait déjà au commencement du X° siècle.

[3] Saint-Estève del Monestir.

[4] Ravin de la Boule.

[5] Baixàs. — [6] Calce.

riba usque ad ipsum gad de *Tiraculs*[1]. Hec omnia superius scripta donamus atque concedimus vel tradimus sine ullo retentu in potestate Sci Michaelis archangeli et Guarino abbate et monachis ibidem deo servientibus, propter remedium animarum nostrarum et parentum nostrorum, ad proprium alaudem. Quod si nos donatores aut ullus homo vel femina qui contra hanc cartam donationis venerit ad inrrumpendum, non hoc valeat vindicare, et in primis iram dei incurrat et *excommunicatus permaneat et maledictus in infernum desendat*, et cum Iuda Scarioth partem habeat, et postea supra scriptum alaudem in duplo componat cum omni sua melioratione, et in antea ista carta donationis firma et stabilis permaneat omnique tempore et non sit disrupta. Facta carta donationis decimo sexto chalendas martii anno primo regnante Vgone rege. Oliba gratia dei comes ✠. s✠ Ermengards comitissa qui hanc cartam donationis mandavimus scribere et testes signare rogavimus. s✠ Sendredus. s✠ Unifredus. s✠ Seniofredus.

Gisclamirus presbiter qui hanc cartam donationis scripsit et sub ✠ die et anno quo supra.

(Copie *ex originali exemplo auctentico* faite par Onuphre Balaguer, notaire, 23 juillet 1619. — Archives départementales : *fonds du marquis Joseph d'Oms.*)

XVI

Donation du tiers de la villa de Fulhà en Conflent et de Ventolà dans la vallée de Ribes, faite à Matfred par son frère Durand, moine et sa sœur Linguis.

980

In dei nomine ego Durandus monachus et soror mea Linguis filii Vualauonsi et senitrice nostra Eiloni condam tibi fratre nostro Matefredo Certum quidem et manifestum est enim quia sic placuit in animis nostris et placet ut nullus quoque ientis[2] imperio nec sua-

---

[1] Ces délimitations du territoire de Baho sont les mêmes que l'on trouve, avec quelques variantes dans les noms propres, dans l'acte de consécration de son église (*Marca*, nº 408).

[2] Pour *cogentis*.

dentis ingenio sed propria exspontanea nostra hoc elegit bona uoluntas
ut tibi jam dicto Matefredo faciamus tibi carta de ipsa tercia parte de
alode qui fuit de genitrice nostra iamdicta Eiloni condam sicuti et
facimus Et est ipse alodes in ualle Confluente infra fines uel termines
de uilla Fauliano Et affronta ipse alodes de una parte in uilla Saorra
de alia in riuo Uernedese ¹ de III in uilla Campelias ² de IIII in Stallo
Quantum infra istas a Trontaciones includunt sic donamus tibi de ipso
alode iamdicto sicut superius insertum est ipsa tercia parte in casas
in casalibus in curtis in curtalibus in ortis in ortalibus in terris in
uineis cultis uel incultis siluis garriciis aquis aquarum uieductibus
uel reductibus molendinis molinaribus in arboribus pomiferis uel
inpomiferis sic concedimus tibi sicut superius insertum est ipsa tercia
parte Et in ualle Cerdaniense infra fines uel termines de uilla Uento-
lano de ipso alode qui fuit de ienitrice nostra sic concedimus tibi
similiter ipsa tercia parte abendi uindendi donandi seu etiam comutandi ut de ab odierne die et tempora Si quis contra hac carta donacione uenerit ad inrumpendum aut nos donatores aut ulla subrogata
persona inquietare uoluerit in duplo tibi componere faciat et in antea
ista carta firma et stabilis maneat omnique tempore. Facta ista carta
donacione nss ienuarij anno II regnante Ugone magno rege Fran-
corum Durandus Monachus ✠ S✠gnum Linguis qui ista carta
donacionis fecimus et bonis ominibus firmare petiuimus S✠gnum
Elias S✠gnum Langouardo. S✠gnum Oriolo.

Dacho sacer qui ista carta donacionis scribsi et sub ✠ die et anno
qͤ prefixo —

(Archives départementales : — original, parchemin du prieuré de Cornella-
de-Conflent.)

¹ Lo *rivo Vernedese* est la rivière qui descend de Vernet, appelée aujourd'hui
Riu major.

² Ancien hameau situé, à ce qu'il semble, sur l'emplacement occupé aujourd'hui
par le faubourg de Villefranche.

XVII

**Vente d'une pièce de terre située à Villa Godorum ou Malloles,
faite par Pons et son épouse à Bernard, comte de Besalù.**

1001

In nomine dñi ego Poncio . et uxor mea Gontfreda . uinditores
sumus tibi . Bernardo comite . emptores per hanc scriptura uindictionis nostre uindimus tibi pecia .I. de terra . qui nobis aduenit per
comparacione. Et est ipsa terra . in comitatum Rusolionense . infra
fines et termines de uilla Godorum uel Malcolas. Et afrontat ipsa
terra de I. latus in terra de te comparatore . et de alio latus . in
terra Guillabertus comite[1] . et de .III. latus in terra Ranlo femina .
et de .IIII. latus in terra Sca Maria de uilla Malcolas . et quantum
infra istas .IIII. afrontaciones includunt . sic uindimus tibi ipsa
terra . ab omnem integrietatem . cum exios uel regressios earum .
propter precium . Solido .I. et dñrs .III. in rem ualentem et nichil
quod de ipso precio quod inter nos et te bona uoluuptas pacis placuit
atque conuenit non remansit et est manifestum. Quem uero ista
scriptura quod superius scriptum est de nostros iuramus[2] in tuo
tradimus dominio ad potestatem per abendi . uindendi . donandi . uel
ut etiam comutandi. Et quidquid exinde agere uel iudicare liberam et
firmam in dei nomine abeas potestatem. Quod si nos uinditores aut
ullus que homo quis contra hanc istas[3] carta uindictione uenerit ad
inrumpendum . in duplo tibi componere faciamus. Et in antea ista carta
uindictio firma et stabilis permaneat omnique tempore. Facta carta
uindictione .XVIII. ka. Madii . anno .V. regnante Rodberto rege . filio
Ugoni condam. Sig+num Poncio . Sig+num Gontfreda . qui ista carta
uindictione scribere fecimus et testes firmare rogauimus. Sig+num
Oriol. Sig+num Ioannes (sic). + Radulfus pbr scripsit.

FRANCO pbr qui ista carta uindictione scripsit et + die et anno
quod supra.

(Archives départementales B.I ; — original, ancien parchemin
du Templo, n° 1765.)

---

[1] Comte de Roussillon. — [2] Pour jure. — [3] C'est de *hac ista* que s'est formé
lo catalan *aquest, aquesta*.

XVIII

**Vente d'une vigne située à Villa Godorum ou Malloles, faite par Aured
et son épouse à Bernard, comte de Besalù.**

1001

In nomine dñi ego! Auredo et uxor mea Senuira . uinditores sumus
tibi Bernardo comite emptores per hanc scriptura uindictionis nostre
uindimus nos tibi medalada .i. de uinea qui nobis aduenit per parentorum . et est ipsa uinea in comitatum Rusolionense . infra fines de
uilla Godorum uel Maleolas. Et afrontat ipsa uinea de .i. latus . in
uinea Uassa del . et de alia in uinea de te comparatore . et de .iii. latus
in uinea de Amelio . et de .iiii. latus in ipso semetario . et quantum
infra istas .iiii. afrontaciones includunt . sic uindimus tibi . ipsa uinea
ab omnem integrietatem cum exios uel regressios earum propter
precium . Solidos .iii. in rem ualentem . et nichil quod de ipso precio
quod inter nos et te bona uolumptas pacis placuit atque conuenit non
remansit et est manifestum. Quem uero ista scriptura quod superius
scriptum est . de nostros iuramus in tuo tradimus dominio ad potestatem per abendi . uindendi . donandi . uel ut etiam comutandi. Et
quidquid ex inde agere uel iudicare liberam et firmam in dei nomine
abeas potestatem. Quod si nos uinditores aut ullusque homo quis
contra hanc ista carta uindictione uenerit ad inrumpendum ullusque
homo aut nos uinditores . in duplo tibi componere faciamus . et in antea
ista carta uindictio firma et stabilis permaneat omnique tempore.
Facta carta uindictione .xviii. ka. Madii. anno .v. regnante Rodberto
rege filio Ugoni condam . sig+num Auredo . sig+num Senuira qui
ista carta uindictione scribere fecimus et testes firmare rogauimus.
Sig+num Guifredo . Sig+num Teudericus. +Radulfus pbr scripsit.

FRANCO pbr qui ista carta uindiccione scripsit et + die et anno
quod supra —

et sunt kartas .vii.

(Archives départementales B 3; — original, ancien parchemin
du Temple, n° 2105.)

XIX

Vente d'une vigne située à Villa Godorum ou Malloles, faite par Guifred et son épouse à Bernard, comte de Besalù.

1001

In nomine dñi ego! Guifredo . et uxor mea Ermetruictes . uinditores sumus tibi Bernardo comite emptores per hanc scriptura uindictionis nostre uindimus tibi . uinea nostra . qui nobis ad uenit per parentorum . et est ipsa uinea in comitatum Rusolionense infra fines et termines . de uilla Godorum uel Maleolas. Et afrontat ipsa uinea de .II. latus . in uineas Sca Maria de Chubera ¹ . et de .III. latus in uinea de te comparatore et de .IIII. in ipso semetario. Et quantum infra istas .IIII. afrontaciones includunt . sic uindimus tibi ipsa uinea ab omnem integrietatem . cum exios uel regressios earum . propter precium . Solidos .II. et dñrs .III. in rem ualentem . et nichil quod de ipso precio quod inter nos et te bona uoluuptas pacis placuit atque conuenit non remansit et est manifestum. Quem uero ista scriptura quod superius scriptum est de nostros iuramus in tuo tradimus dominio ad potestatem per abendi . uindendi . donandi . uel ut etiam comutandi . et quidquid ex inde agere uel iudicare liberam et firmam in dei nomine abeas potestatem. Quot' si nos uinditores . aut ullus que homo quis contra hanc ista carta uindictione uenerit ad inrumpendum in duplo nobis componere faciamus . et in antea ista carta uindictio firma et stabilis permaneat omnique tempore. Facta carta uindictione .XVIII. Ka Madii . anno .V. regnante Rodberto rege filio Ugoni condam. Sig✝num Guifredo. Sig✝num Ermetruictes qui ista carta uindictione scribere fecimus et testes firmare rogauimus . sig✝num Gualterus . sig✝num Iohannes . sig✝num Poncio.

FRANCO pbr qui ista carta uindiccione scripsit et ✝ die et anno quod supra.

(Archives départementales B 3 ; — original, ancien parchemin du Temple, n° 2090.)

¹ Sainte-Marie de Cubières, dans les Corbières ?

XX

Vente d'un alleu situé à Estoher et à Espira, faite à la vicomtesse Wisla et à ses fils Ermengaud et Arnald, vicomte (de Conflent).

1003

In dei nomine . ego Honorata, dei dicata, et filiis meis Petrus et Tedbertus, vinditores sumus tibi Wiscla vicescomitessa, et filiis tuis Ermengaudus archilevita [1] et Arnaldus vicescomes, emptores, per hanc scriptura vindicionis nostrae vindimus vobis alodem nostrum, quod abemus in valle Confluente in villa Astouer vel in Aspirano, seu in eius terminis vel iecenciis : id est kasas casalibus, ortos ortalibus, terris vineis vinealibus, cultum   ermum, omnia et in omnibus quicquid abemus vel retinemus per quacumque voce in predictos termines . et advenit nobis per comutacionem sancti Mikaelis et de Warini abbati, vel de Wifredo, vel de servis sancti Mikaelis [2]. Hacc predicta omnia vindimus vobis ab integrum, cum illarum afrontaciones, cum exiis et regresiis earum . et accipimus a vobis in precio pensatas VI, et nihil de ipso precio non remansit et est manifestum : et de nostro iure in vestro tradimus dominio et potestate, ad omnia quae volueritis facere. Quod si nos vinditores aut ullusque homo, qui ista scriptura vinditionis venerit ad inrumpendum, non hoc valeat vindicare, sed predicta omnia in duplo componat, et in antea ista scriptura vindicionis semper maneat inconvulsa. Facta ista scriptura vindicionis nonis septembris anno VII. regnante Rodberto rege. Sig+num Honorata deo vota . sig+num Petrus . sig+num Teudebertus, qui ista scriptura vinditionis fecimus et firmare rogavimus. Sig+num Dela levita . sig+num Savaricus . sig+num Seniofredus . sig+num Bonefilius . sig+num Radulfus . sig+num Ademares. Adroarius presbyter.

Wiskafredus levita qui ista scriptura vinditionis scripsi et sub+scripsi die et anno quod supra.

(Ex autograph. in archiv. eccles. Urgellensis. — Villanueva,
Viage literario, tom. X, p. 284.)

[1] Archidiacre et, plus tard, évêque d'Urgel.
[2] Saint-Michel de Cuxa.

XXI

Donation de deux pièces de terre et d'une vigne sises à Villa Godore ou Malloles, faite au monastère de Saint-Pierre de Camprodon, par Arnàu et son épouse.

1006

In nomine dñi ego Arnaldus et uxor mea Elo donatores sumus . domum Sci Petri cenobii Camporotundo per hanc scriptura donationis nostre sic donamus . atque tradimus . pethias .II. de terra et pethia .I. de uinea et aduenit nobis hec omnia per parentorum . et sunt ipsas pethias .II. de terra et ipsa uinea in comitatu Rossilionense in uilla Godore id est in Malliolas. Et est ipsa una pethia de terra in ipso Puiolo . et afrontat de .I. latus . in terra de Ostenne . et de alio latus . in terra de Segouino uel eredes suos . et de .III. parte in terra de Stefano uel eredes suos . et de IIII. parte in terra de Bonospars. Et alia pethia de terra est in Puio Ienesto . et afrontat de .I. parte in uinea Sci Petri cenobii Camporotundo . et de alia parte in terra de Willaberto comite[1] . et de III parte in uinea de Stefano Iuliano . et de IIII. parte in terra de Gothmare qui fuit condam uel de filios suos. Et est ipsa pethia de uinea in ipso Plano . et afrontat de II. partes in ipsas uineas de Odesinda femina uel de filios suos . et de .III. parte in uinea de Donato uel de fratres suos . et de .IIII. parte in uinea de Othgario uel eredes suos. Quantum infra istas tolas afrontationes includunt sic donamus . et tradimus . nos ipsas terras et ipsa uinea quod superius resonat ad domum Sci Petri propter deum et animas nostras ut beatus Petrus apostolus intercedat pro peccatis nostris ad dominum amen. Quod si nos donatores aut ullusque homo qui contra hanc ista charta donathione uenerit pro inrumpendum non hoc ualeat uindicare quod requirit set inprimis iram dei incurrat . et cum Iuda Scharioth participationem abeat . et inantea ista charta donathione firmas et stabilis permaneat omnique tempore. Facta ista charta donathionis .VI. idus februarii . anno .X. regnante Rodberto rege. S+m Arnaldus. S+m Elo qui ista charta donatione fecimus et

[1] Comte de Roussillon.

firmare rogauimus. S+m Oldebrandus. S+m Languardus. S+m Falchucius.

ARGEMIRVS Sacer vel Monachvs qui ista charta donatione scripsit et s. + sub die et anno   quod supra --

(Archives départementales, B 4; - original, ancien parchemin du Temple, n° 2179.)

XXII

Vente d'une terre sise à Villa Godore ou Malloles, faite au monastère de Saint-Pierre de Camprodon par Stephanus.

1006

In nomine dñi ego Stefanus uinditor sum vobis Delane abate et congregatione Sci Petri apostoli Campo rotundo emptore per hanc scriptura uindicionis mee uindo uobis terra mea propria qui mihi aduenit per parentorum. Et est ipsa terra in comitatu Rossilionense in terminio de uilla Godore uel in uilla que dicunt Malliolas. Et ipsa terra habet in longitudine dextros .xi. et in latitudine dextros .ii. Et afrontat de una parte in terra Sca Maria de Malliolas . et de alia parte in terra de Willielmo abbate[1] . et de .iii. parte in terra de Teudeuiio (sic) leuita . et de .iiii. parte in terra de Wischafredo. Quantum infra istas iiiior afrontationes includunt cum ipsos dextros sic uindo uobis ipsa terra ab omni integrietate cum exiis et regressiis earum propter precium dinarios .iiii. in rem ualentem quod manibus meis recepi et est manifestum. Quem uero ista terra quod superius resonat de meo iure in uestro trado dominio potestate faciendi quod uolueritis liberam in dei nomine abeatis potestatem. Quod si ego uinditor aut ullusque homo qui contra hanc ista charta uenerit ad inrumpendum non hoc ualeat uindicare quod requirit set componat ista terra in duplo cum omni inmelioratione . et in antea ista charta firmis et stabilis permaneat omnique tempore. Facta ista charta uinditionis .iiii. idus februarii . anno x. regnante Rodberto rege. S+iñ Stefanus qui ista charta uinditione fecit et firmare rogauit.

[1] Abbé, de quelle abbaye?

S+ign Bonefilius. S+ign Lopardus. S+ign Soniofredus. S+ign Bonospars.

ARGEMIRVS Sacer qui ista charta uinditione scripsit et + sub die et anno quod supra.

(Archives départementales, série H : Ordre du Temple, Malloles ;
— original, ancien parchemin du Temple, n° 2107.)

XXIII

Donation d'un alleu situé à Salaon près de Llupià, faite par la comtesse Ermengards, épouse d'Oliba, à Sclua, abbé de Canigó.

1007

In nomine dñi ego Ermengardis *gratia* dei comitissa donatrix sum dño deo et ad Sco Martino monti Kanigonis sito . et tibi Scluano abate et monachis ibidem manentibus . dono atque concedo alodem meum proprium qui michi aduenit per parentorum meorum . uel per comparacione siue per quali cumque uoce. Est autem iste alaud[s] in comitatu Rossilionense siue in Valle Asperi in suburbio Helenensi infra fines et terminos de Salaoni siue Lupiani in locum quem uoceant Kasals Borrals siue Garriga de Bosra. Est autem prefatus alod.[s] modiades quinque de garriga. Et afrontat de parte orientis in ipsa uia monneresca de Pudols et uadid ad Soler. Et de meridie in alaude de Segoino uel de suos heredes. Et de occidente in Sci Petri[1]. Et de parte aquilonis in alaud[s] de Olibane comite in ipsa strada Conflentana que pergit ad Estan ner uel ubique. Quantum infra istas quatuor afrontaciones includunt . sic dono dño deo et Sco Martino et tibi Scluano abate et monachis ibi manentibus quantum habeo uel abere debeo totum ab integrum cum exiis uel regressiis suis sine ullo engan propter remedium anime mee[2] uel parentorum meorum . et ut possimus consequi dñi misericordiam atque euadere penas inferni. Si quis contra istam kartam donacionis uel concessionis a me editam uenerit ad inrumpendum non hoc ualeat quod requirit sed componat in duplo . et hec karta firma et stabilis permaneat et non sit disrupta.

[1] Saint Pierre de Thuir? — [2] Second e cédillé.

Facta karta donacionis uel largicionis quinto nns maias . Anno xi.º
Regnante Rumberte rege. Sig+num Ermengardis *gratia* dei comi-
tissa qui hanc kartam scribere feci et testes firmare rogaui. Sig+num
Balderico. Sig+num Languardus. Sig+ Segoinus. Elpericus pbr+.
Adiutor pbr +. Guistrimiru⁵ leuita+.

ADVLFVS pbr qui hoc rogatus scripsit uel sub scripsit sub die
et anno + quo supra.

XXIV
Vente d'une maison et d'un jardin situés à Egat.

1013

In nomine dñi ego Uisado pbr uinditor sum tibi Gilaberto emtore
per hanc scriptura uindiccionis me(*sic*) uindo tibi kasa . cum curte . et
orto .i. qui michi aduenit de comparacione et est ipsa kasa et ipso orto
in chomitatum Cerdaniense in pau ¹ Liuiense in uilla Egade et afrontat
ipsa casa cum curte de 1. parte in orto de Adalberto et de alia parte
afrontat in era de Suniario uel fratres suos . et de. tercia parte afrontat
in orto de Aldino uel fratres suos . et de quarta parte afrontat in uia.
Quantum inter istas afrontaciones includunt sic uindo tibi ipsa kasa
cum ipsa curte et cum exio et regresio et suo super posito et ipso
orto ab integrum propter precio solios (*sic*) .x. in res ualentem et est
manifestum et si quis contra hanc ista karta uindiccionis uenerit ad
inrumpendum aut ullus que omo inq¹uetare (*sic*) noluerit in dupla-
mus (*sic*) tibi componere faciamus et inauantea (*sic*) ista uindiccio
firma et stabilis permaneat omnique tempore et non sit disrupta . Facta
karta uindiccionis .iix. kldas frebuarii ano (*sic*) .vii.x. regnantem
Radberto Rege. S+ignum Uisado Pbr uel uinditor subscrixti (*sic*).
S+ignum Seniofredo. S+gnum Oliba. S+gnum Uifredo. S+gnum
Amalricho. S+gnum Bernardo.

Uillelmo pbr quista (*sic*) karta uindiccionis scripxi et + die ano
quod supra.

¹ Corruption de *pagus*, pays.

XXV

Consécration de l'église de Pi en Conflent.

1022

Anno dominicae incarnationis XXII. super millesimum era mille-
sima LX. indictione IIII. pridie idus octobris[1] venit Vuifredus[2] nutu
divino archiepiscopus Narbonensis filius Vuifredi[3] comitis, et Oliva
pontifex Ausonensis frater prefati comitis, et Ydalcherus[4] archidia-
chonus Elnensis, simul cum jamdicto comite et in numeris fidelium
clericorum et laicorum turmis, ad dedicationem ecclesiae Sanct. Pauli
apostoli et confessoris Pauli in valle Confluente sitae in villa Pino,
consentiente sibi Berengario Elnensi episcopo tunc temporis peregre[5]
profecto. Igitur nos prefati episcopi, consentiente prefato comite,
confirmamus predictae ecclesiae suam parrochiam ab oriente terminatam in terminibus Verneti, a meridie in fonte de Tec, ab occidente
in collo de Mented, a parte vero circi venit in Grunno et descendit per
Scalam usque ad [aquam[6] de Saorrig et statim hinc inde per
serram ante stantem] crucem [ascendit usque in terminibus
Verneti]. infra prescriptos terminos confirmamus ei decimas et
primitias et fidelium oblaciones et cuncta quae divino cultui [et
humano] pertinent, eo tenore ut canonica et apostolica auctoritate
subdita sit suae matri sanctae Elnensi ecclesiae. Si quis autem, quod
non obtamus, huius nostri decreti presumptuosus temerator extiterit,
tandiu noverit se separatum ab omni coetu fidelium Xpianorum
donec resipiscat et ad plenam satisfactionem veniat : pro temporali
tamen vinculo quicquid ablatum fuerit reddatur in quadruplum.

[1] Villanueva octimbris.

[2] et [3] Villan. Guifredus et Guifredi.

[4] Villan. Idalcherus.

[5] Il a existé en effet une tradition d'un pèlerinage à Jérusalem fait par Bérenger,
alors évêque d'Elne.

[6] Les mots entre crochets ne sont pas dans le texte de Villanueva.

Donata vero a nobis est prefata ecclesia huius dotis titulo anno xx.vi. regni regis Rodberti.

Guifredus sanctae primae Narbonensis ecclesiae [archi]episcopus ss ✠. Oliba episcopus quod justum est confirmo ✠ ss. Ydalgerius[1] archidiaconus +. Wiffredus[2] dei gratia comes ✠.

Salomon sacer. et judex et + die et anno prefixo.

(Archives départementales : deux copies de 1606 et 1617, dans les *Procès sur les pasquiers de Py* : — publié par Villanueva, tom. VI, p. 289, d'après les archives de l'abbaye de S. Pierre de Camprodon.)

XXVI

Concession d'une prise d'eau pour l'arrosage au territoire d'Age (en Cerdagne) en faveur du monastère de Ripoll.

1023?

In dei nomine ego Guifredus gratia dei comes . notum sit omnibus presentibus et futuris qualiter venit ad me Lanfre monachus Sce Rinopollensis Marie monasterii, et, ad vicem fratris mei Olive pontificis Ausonensis et abbatis iamdicti cenobii et Sci Michaelis Coxianensis atque subiectorum ejusdem loci domino militantium, petiuit mic[hi] ut darem aquam Sigaris que discurrit per molinos ipsius sancte Rinipollensis Marie ad irriganda prata et terras ejusdem pertinentes ad villam Ageri. Et ego iamdictus Guifredus dono sancte Riuipollensi Marie ipsam meam vocem quam habeo in eandem aquam ut eam ipsum [monasterium?] aut servi eius uti melius potuerint. Et concedo ut deducant eam per terram que est de villa [predicta?] ex unde melius potuerint, et deducant eam ubicumque illis necess[ari]a fuerit, et faciant de ea quod sibi visum fuerit . concedo autem eumdem transitum aque per meam comitalem vocem supradicto cenobio . quod nullus ex meis successoribus non habeat licentiam disrumpere, nec ulla persona ecclesiastiqua vel vulgaris aut honesta . quod qui fecerit componat supra dicto cenobio sacrilegium et vi. libras argenti. Facta

[1] Villan. *Udalgarius archipresbiter.*

[2] Villanueva ne donne pas cette signature.

carta donatione vel concessione xvii. kalendas maii anno [1] xxvii
regnante rege Rodberto. Guifredus gratia dei comes ✠ qui supra
scripta dedi et concessi.

Zeniofredus vice comes.

Salomon sacer et judex scripsi et + die et anno prefixo.

(Archives départementales ; — papiers de la famille d'Oms : — copie
du dernier siècle d'après le *Liber feudorum B.* f° 113.)

XXVII

Donation d'une vigne située à Porcinyans (paroisse de Nyer) à Saint-Martin de Canigó.

1023

In nomine dñi ego VVifredus et uxor mea Ledgards et filio nostro
nomine Seniofredus . Donatores sumus ad domum Sci Martini
monasterii Canigonensis . pecia una de uinea qui nobis advenit per
comparationem . Et est ipsa uinea in suburbio Helenense . in ualle
Confluente . infra fines et terminos de uilla Porcinianos in locum
que uocant ad Aspizel . Et affrontat ipsa uinea de una parte . in
uinea Sci Andree [2]. Et de alia . in uinea Sci Michaelis [3]. Et de .iii. in
uinea de Languardo . Et de .iiii. in torrente . Quantum infra istas iiii^{or}
affrontationes includunt de ipsa uinea . sic donamus nos ad supra
dictum cenobium omnia ab integrum cum exio et regressio suo et
cum illius affrontationes . propter remedium animarum nostrarum.
In tali namque conventu dum uiuim.ᵗ teneamus et possideamus . et
donemus ipsa medietate de fructu illius . et post obitum nostrum
remaneat ad supra taxata ecclesia . Et est manifestum . Si quis vero
contra ista carta donationis uenerit ad inrumpendum . non ualeat hoc
uindicare quod requirit . sed in duplo componat . et in antea ista carta
firma stabilisque permaneat omni tempore et non sit disrupta . Facta
ista carta donationis xii ka ivni . anno xxvii regnante Radberto rege.
S+ignum VVifredus . S+ignum Ledgards . S+ignum Seniofredus .
qui ista carta scribere fecimus . et testes firmare rogauimus. S+ignum

---

[1] Le manuscrit porte *millesimo centesimo septimo*, date erronée ; il est probable
que l'original portait xxvii.

[2] Saint-André de Soreda. — [3] Saint-Michel de Cuxa.

Martinvs. S+ignum Languardus. S+ignum Ennego. GOLTREDVS
Pbr sub+ sit.

GALINDVS Monachus . qui ista carta scripsit et sub + die et anno
quo supra.

(Archives départementales ; — original, parchemin de Canigó.)

XXVIII

Donation de diverses propriétés situées à Molitg, faite au monastère de Canigó par Durand, prêtre,

1024

In Xpi nomine . ego Durandus pbr . donator sum ad domum Sci
Martini cenobii Canigonensis. Per hanc scriptura dono tibi alodem
meum proprium . qui mihi aduenit per parentorum vel per comparatione. Et est in suburbio Helenense . in ualle Confluente . infra fines
de uilla Molegio . Et sunt casas casalibus ortis ortalibus terras et
uineas . vieductibus et reductibus. In primis ipsas uineas . qui sunt
in Cruce. Et ipsa uinea Molegica . cum suas affrontaciones . et ipsa
uinea de Ber . cum suas affrontationes . et ipsa uinea de Oliuello .
similiter . et ipsa uinea [de] Plana maiore . cum suas affrontationes .
et alia ipsa Uinea Planella . similiter . et ad ipso Uentoso de Petra fita .
pecia .i. de uinea cum suas affrontationes . et alia uinea qⁱ fuit de
Seniofredo uicario . similiter . et alia uinea qⁱ est ad ipso Tartero
cum suas affrtns¹ . et alia uinea in locum que uocant Gomano .
similiter . et alia pecia in ipso Bago . cum suas affrtns . et ad ipsos
Olmellos uinea .i. similiter . et ad ipsas Arenas . pecia .i. cum suas
affrtns que uocant Filiola . et alia in ipsa Coma . similiter . et alia ipsa
Fexa longa . cum suas affrtns . et ad uinea Segero . pecias .ii. cum
suas affrtns . et in Comauinna . uinea .i. cum suas affrtns . et ad ipsas
Banneres . fexes .ii. similiter . et in Carriago . ipsa mea medietate
de ipsa uinea . et ad Uia lata super ipsa limite . pecia .i. cum suas
affrtns . et in Nominato fexes .ii. similiter . et ad ipso Riello ad ipsa
uia qui uadit ad Mossedo . uinea .i. cum suas affrtns. Et ipso meo
manso cum casa et cellario et columbario et corte et ipsas caselas
minutas . affrontat de una parte . in casa de Mirone . et de alia .

¹ Abréviation d'*affrontationes*.

in casa doño Uuifredo comite uel in ipsa ferragen . et de ɪɪɪ in casa
Altemiro pbro . et de .ɪɪɪɪ. ipso exio qui uadit ad Sca Maria. Et super
ipsa casa . orto .ɪ. que uocant Apiario . cum morarios .ɪɪɪ. Et trans
ipsa casa de Mirone . orto .ɪ. cum ipso morario. Et subtus ipsas casas
de ipso orto ipsam terciam partem cum ipsos arbores. Et in ipsos
Planos . pecia .ɪ. de terra . cum suas affrtñs . et subtus ipsa uilla in
ipsos Planos . fexes ɪɪ. de terra cum suas affrtñs . et in Cogols pecia
.ɪ. similiter . et in Erbisago pecia .ɪ. cum suas affrtñs . et in Tremo-
leto . fexes .ɪɪ. similiter . et in Sadigano . pecia .ɪ. similiter . et ad
Ispinalbo . pecia .ɪ. cum suas affrtñs . et ad Mundel . similiter . et
ad ipsos Auelans . pecia .ɪ. cum suas affrtñs . et ad ipso Azert [1] .
similiter . et ad Roca Mannone ad ipsa Lobatera . pecia .ɪ. cum suas
affrtñs . et in Coma Galindo . de ipso alode ipsa medietate in totis locis .
et in Loberoles . pecia .ɪ. cum suas affrontationes . et ad ipsa uia
qui uadit ad Collello de ipsa terra ipsa medietate cum suas affrñts.
Et est manifestum. Omnia uero hec quod superius resonat . sic dono
ad supra dictum cenobium . cum exiis et regressis earum et cum
affrontationibus. In tali namque conuentu . ut dum uiuunt filii mei .
Durandus uidelicet pbr . atque Pontius eius frater . teneant et possideant . et donent de ipsas uineas ipsam quartam partem . et de terras .
ipsum agrarium . et pͦ [2] obitum illorum remaneat ad supra scriptum
monasterium ab integrum. Si quis hec infringere conatus fuerit . non
ualeat hoc superare quod appetit . sed coactus triplicata restituat . et
in antea ista carta firma persistat omni tempore et non sit disrupta.
Facta carta donationis .ᴠɪɪɪ. idus decembr. anno xxᴠɪɪɪɪ regnante
Radberto rege. S+ignum Durandus pbr . qui ista carta scribere fecit
et testes firmare rogauit. S+ignum Vidal. S+ignum Languardus.
S+ignum Suniarius. S+ignum Ricolf.

DᴠRANDUS [3] pbr +.

Ego itaque Durandus recogitans quod non recte fecerim relinquens
mansum sine censu . uolo ut donent supra scripti filii mei . unum
sextarium ordei.

GALINDᴠS Monachus qui scripsit et sub + die annoque prefixo.

In [4] *uillare Corts !*

ad Solan prope uiam uinea .ɪ.

Ad Ker Corte² uinea .ɪ.ª iuxta uinea S. Marie.

(Archives départementales; ⌐ original, parchemin de Canigͦ.)

---

[1] Les lettres *ze* sont douteuses. — [2] *Post.* — [3] Signature autographe.
[4] Écriture d'une autre main : fin du xɪᵉ siècle?

XXIX

Échange de l'église Saint-Saturnin de Vernet pour celle de Marquexanes.

1025

In nomine domini . ego gratia dei Berengarius Presul cum omni congregatione sancte matris ecclesie Helenensis mihi subdita . commutatores sumus tibi Scluano abbati sancti Canigonensis Martini et tibi subdite congregationi Domino militanti. Commutamus igitur tibi et tuis fratribus ecclesiam Sancti Saturnini uille Verneti cum primiciis et decimis siue fidelium oblacionibus sibi pertinentibus et suis alodibus fundisque et terciis atque sinodis et omnibus suis redibitionibus uel possessionibus integre . que est in valle Confluente in suburbio Helenense . terminatur autem jam dicta parrochia ab oriente in Cavallo vel in Tartario Majore, a meridie in Collo Juuelli vel in serra Aquateti, ab occiduo in Pausa Guilielmi vel in Palanici cherolo sub furno vel in Tauro pelato, ab (et) a cirtio terminatur in viam Sancti Clementis[1] euntem de Corneliano. Omnia igitur predicta commutamus vobis pro vestra ecclesia quam de vobis accipimus, id est eam de Matrechexanas cum terminibus suis. Quicumque autem presumptive hoc conatus fuerit infringere, extraneus sit a liminibus sancte ecclesie, donec satisfaciat plene jam dicte ecclesie . nostra vero commutatio sit triplicata, et maneat inconvulsa. Facta commutatione IIII . ka . aprilium anno xxviiii . regnante rege Rodberto. ✠ Berengarius quamvis indignus tamen gratia dei episcopus sancte mater ecclesie Elenensis. + Ebolus leuita. Guilielmus leuita. Oliba leuita. Durandus leuita. + Ellemarus presbiter et claviger. + Landricus presbiter. + Vdalgarius archipresbiter. + Bernardus leuita. Gaucberlus. Gaucelmus archidiaconus + . qui hanc commutationem fecimus et testibus firmare rogauimus. Goltredus sacer +. Vidal sacer. Guadamirus sacer + .

Salomon sacer et judex + scripsi. Reimundus archileuita +.

(Archives départementales; — titres de la Prévôté majeure de Canigo, f° 27, copie du xviii° siècle.)

[1] Saint Clément de la Serra, ancienne église située entre Cornellá et Fulhá.

XXX
Échange de l'église de Cornellá de Conflent
pour celle d'Escaró.

1025

In nomine domini . ego Berengarius dei gracia presul cum omni congregatione sancte matris ecclesie Elnensis michi subdita comutatores sumus tibi Guiffredo gracia dei comitti. Comutamus igitur tibi ecclesiam Sancte dei genitricis Marie in villa Corneliano constructam in valle Confluentis in suburbio Heleneñ . que habet terminos ab oriente in Rocha Aquilaria et in plano de Cirsago usque ad discurrimentum aque contra Arrianum, et descendit per torrentem de Cumba Scubiliera, et transit per torrentem de Cumbis, et ascendit ad Labidem, et transiendo per chacumen serre de Cuculis [1], et per ipsam serram inter Cornelianum et Fuliolos descendit usque ad ecclesiolam. A meridie in Chauallo vel in Tarterio [2] maiore . ab occidente in chacumine serre Sancti Clementis, et chacumine montis Bedanagur (sic) usque ad flumen Ted, sicut aqua discurrit ipsius montis ad juxta Cor;nelianum et Riuum maiorem . ab austro in gradu super Ulmum de Infirmis. Omnia igitur predicta comutamus tibi cum primiciis et decimis et oblacionibus fidelium et suis alodibus fundisque et terris [3] atque sinodis et omnibus suis possessionibus integre, pro alia tua ecclesia quam de te recipimus scilicet illam de Ascharone cum omnibus terminis suis. Quicumque vero presumpciosus hoc infringere conatus fuerit duplo tibi satisfaciant et nostra comutacio firma permaneat. Facta comutacio IIII kls aprilis anno [xx] nono regnante rege Roberto [4]. [✠] Berengarius quamvis indignus tamen gracia dei episcopus Sancte matris ecclesie Elenensis [5]. Bernardus presbiter +. Guillermus+. Ebolus +. Oliba +. Udalgarius archipresbiter +. Ellemarus presbiter et claueger +. Laudricus presbiter + Vidal. sacer +. Gudamirus presbiter +. Galtredus sacer +. Gaucelmus

---

[1] Mns Cuculis. — [2] Mns Turterio. — [3] terciis? — [4] Le mns ajoute trescentesimo tricesimo tercio. — [5] Le manuscrit répète encore trecentesimo tricesimo tercio. Ce document avait été considéré comme apocrypho par M. Jacques de Saint-Malo, parce qu'il l'attribuait à l'an 9 do Robert. Mais il est évident que la date portée par le manuscrit a été maladroitement corrigée par un copiste ignorant; il faut rétablir l'an 29, car le document fut fait les mêmes jour, mois et an que le n° XXIX. La rédaction et les noms de la plupart des témoins sont d'ailleurs les mêmes dans les deux pièces.

archidiaconus +. Amblardus leuita +. Renardus presbiter +. Gaud[b]ertus leuita + Raunudus abba [1] +. Nos jamdicti clerici qui hanc cartam comutacionis fecimus et firmare rogauimus et euidenter firmauimus.

Salomon sacer et judex scripsi sub die et anno quo su + pra.

(Archives départementales : *Procuracio real,* registre II, fº 106, B 177 ; — copie du commencement du xviᵉ siècle.)

XXXI

Donation de terres sises à Lluplà, faite par Sclua, abbé de Canigó, eu faveur de cette abbaye.

1026

In nomine dñi ego Sclua abas . et Salomon frater meus . nos simul carta facimus ad domum Sci Martini cenobii Kanigonensis . de pecia una de terra et de alia de uinea . Qui sunt in comitatu Rossolionense . in suburbio Helense (*sic*) . in uilla [que uocant Lupiano . Et ipsa pecia de terra qui est ad Pugolanallo siue Campo rotundo . affrontat de una parte . in terra de Recosindo . et de alia . in terra de Guanta . et de .III. in terra de Bernardo Guanta . et de .IIII. in terra de Arcedonia . Et ipsa uinea qui est in Coma Bagmir . affrontat de .II. partes . in uineas supra dicti cenobii . et de .III. in uinea de Bernardo Guanta . et de IIII. in ipso uallo . Quantum infra istas omnes afrontationes includunt . sic donamus ad iam dictum cenobium . ipsa terra et ipsa uinea ab integrum cum exiis et regressis (*sic*) earum propter remedium animarum nostrarum . Et in tali conuentu ut dum uiuit Guillelmᵘˢ filius Salomoni supra scripti . teneat et possideat . et donet de ipsa terra ipsum tercium . et de uinea ipsam medietatem. Et pᵒ obitum obseruent . Si quis huius scripture temere scindere uoluerit . non ualeat superare quod apetit . sed componat in duplo . et in antea ista carta firma persistat . omni tempore . Facta carta VIII idus februarii . anno xxxº regnante Radberto rege. SCLVA .[2] abas +. S+ignum Salomon . qui ista carta scribere fecimus . et testes firmare rogauimus. S+ignum Gulfredus. S+ignum Guillelmus. S+ignum Languardus.

[GAL]INDVS monachus qui scripsit et sub + die et anno quod supra.

(Archives départementales ; — original, parchemin de Canigó.)

---

[1] *Raimundus?* — [2] Signature autographe.

XXXII

Plaid des habitants d'Age contre ceux de Pallerols au sujet des limites et des droits de pacage sur les bords du Sègre.

1027

Notum sit omnibus presentibus scilicet ac futuris . qualiter habitantes homines in villa Palierolis [1] superiori et inferiori depascebant
hac pro alode proprio sibi vendicabant prata sive pascua Sce Rivipol-
lensis Marie pertinentes ad villam Aginis . et utraque parte adiacentem
integrum [   ]us [2] d[   ] mutatio aque, non semper
unum et idem alveum tenet . cum solitum cursum haberet juxta
supradictas villulas . deserens proprium alveum . ingressa per Sancte
Marie terras . elongata est a supra scriptis villulis in quibusdam locis
quasi .c. vel L passibus . Supradictorum autem villarium habitatores,
aquam sequentes, non solum p[ascua] sibi ven[dicabant], sed eciam
aliquam culturam agri in ibi exercebantur. Et ideo semper habitatores
Aginis, cum sibi prepositis Sce Marie monachis, ne facerent prohi-
bentes, et multis eos aliquando contumeliis et aliquando verberibus
afficientes, repellebant a supradictis . Igitur ac contentione diu
durante inter supradictas uillas, ven[erunt   ]ad tempus Oliue [3]
Ausonensis pontificis ecclesie atque abbatis jamdicti cenobii, cuius
querimonia multociens super his est ventilata coram domno Guifredo
comite ipsius videlicet fratre. Quadam autem die accedens Guitardus
Miro jamdicti episcopi mandatarius, petivit in placito jam dictos
[homines] qui habitabant in supra dictis villaribus. Marcucium scilicet cum Asinario. Bradilam et Gregoriam . Antonianum et clericum
Sanctum . Galindum et Agilam . Altmirum et Eudonem . Vitalem et
Mironem. Franchum et Mironem alterum . Sanctum et Sidilam . item

Sancium et Guifredum . Signifredum et Ermemirum . Naggerum et
Bradolina . Guadamirum et Olibam . Signifredum cum Signifredo .
Ennegone cum Barone et Bonamfiliam. Hos omnes jam dictus
mandatarius coram jam dicto comite ac Seniofredo vicecomite et
judicibus Sendredo ac Salomone et Guilielmo saione . et multis
bonis hominibus coram positis petivit de jam dicto alode quem
sibi vendicant in juste. Illi ad hec respondentes nihil aliud
obiecerunt nisi trigesimum possessionis annum . Jam dicti autem
judices interrogaverunt prefatum mandatarium an posset probare
jam dicte ville Aginis terminum . Et ille ad hec Non !solum, inquit,
terminum, sed eciam probabo aque [dis]cursum ante annum xxxᵐᵘᵐ.
Ad hec illi Si, inquiunt (*sic*), feceris ita, omnis illorum vox erit sopita.
Interjecto itaque aliquo temporis spacio, pervenerunt in illo loco non
solum comes cum Episcopo sed eciam omnes supra dicti et multi alii
in quorum omnium conspectu iamdictus mandatarius exibuit testes
id est Seniofredum et Heliam et Baronem atque Seluanum . qui non
solum jamdicte ville Aginis terminum verum eciam aque discursum
ante tricesimum annum pediculauerunt . in qua omnia eorum plantata et aliqua sata ab eis seu collecta. Videntes autem supra dicti
homines de Palierolis se excludi ab eis, timentes legis penam . ne
invasa per sacrilegium emendarent et insuper pascua amitterent .
antequam probacio fieret . recognouerunt omnia ab eis pediculata
semper ab eis et illorum antecessoribus esse possessa . per seruicium
quod semper Sce¹ Marie² ab eis erat factum. Sicque omnia pediculata
in Sce³ Marie⁴ et iamdicti episcopi bño⁵ ab omnibus supradictis
habitatoribus Palierolis sunt redacta cum ac scedula continente ita.
   Nos supradicti homines qui aliquid possidere uidemur in villis
Palierolis . id est Marcucins et Asinarius . Bradila et Gregoria .
- Antonianus et clericus Sancius . Galindus et Agila . Altmirus et Eudo .
Vitalis et Miro . Francus et alter Miro . Sancius et Guifredus . item
Sancius et Sidila . Signifredus et Ermemirus . Naggerus et Bradolina . Guadamirus et Oliba . Signifredus cum Signifredi . Ennego
cum Barone . et Bonifilia. evacuamus nos de his homnibus que supradicti pediculaverunt . in quibus et cruces sunt qui in salicibus anti-
quissimis fecerunt ac xx. et amplius petras ibi fixerunt . ut ab hodierno
die et tempore nec nos nec ulla posteritas nostra hoc per alodem uel
feuum requirat. Quod qui fecerit et in quadruplo omnia . ab eis

pediculata Sce [1] Marie [2] restituat . et hec nostra euacuacio omni tempore in conuulsa permaneat. Facta ac euacuatione vii. idus iañ. añ. xxxiº. regnante rege Rodberto. Sig+num Marcucii. S. Asinarii. S. Bradile. S. Gregorie [3]. S. Antoniani. S. Sancii clerici. S. Galindi. S. Agile. S. Altemiri. S. Eudonis. S. Vitalis. S. Mironis. S. Franci. S. alteri Mironis. S. alteri Sancii. S. Guifredi. S. tercii Sancii. S. Sidilani. S. Signifredi. S. Ermemiri. S. Naggeri. S. Bradoline. S. Guadamiri. S. Olibe. S. Signifredi. S. tercii Signifredi. S. Ennegonis. S. Baronis. S. Bonefilie [4] qui hanc euacuationem fecimus et testibus firmare rogamus. Sig+num Mironis. Sig+num Bernardi. Sig+num Olive. Sig+num Guitardi. Sig+num Guilielmi saionis.

VUIFREDUS Gra¹a dei comes ✠.

Seniofredus uicescomes +.

+ Senderedus iudex +.

Ac igitur euacuatione facta : rogauit prefatus comes ac Seniofredus uicecomes . siue Bernardus atque Guitardus et omnes circum adstantes . iamdictum episcopum ut misericorditer tractaret eosdem homines ne omnia perderent . rogatu autem eorum annuit hoc iamdictus episcopus ut iudicio eorum terminaretur census Sce [5] Marie [6] in antea faciendus . quod et factum est . nam predictus comes indixit eis ut si eadem pascua usque quaque uterentur . preter prata defensa et plantata . daret unus quisque pro duobus bubus quartam añ . pro uno uero . sextarios duos . similiter et de equabus . et facerent iouam . Igitur ego prefatus Oliba episcopus et abbas hanc cessionem pro hoc censu habitatoribus Palierolis facio . ut pascua Dei genitricis ipsi et posteritas eorum perfruantur . preter prata defensa et plantata . et supradictum censum ab anno in annum persoluant . quod si persoluere noluerint non ibi ingrediantur . ut autem verum appareat quod dico manu propria hoc signo. Oliba eps ✠

Salomon sacer et iudex +.

(Archives de la ville de Puigcerdà : original sur parchemin.)

---

1 -2 Les e cédillés. — 3 - 4 Le second e cédillé. — 5 - 0 Les e cédillés.

XXXIII

Enquête sur le testament verbal de Pierre, prêtre, faite d'autorité
du juge du comté de Roussillon dans l'église de Tuluges.

1030

Conditiones sacramentorum, ad quarum exordinatione residebat
judex Guillelmus Marchus, sive in præsentia Gaucefredus comes,
Wilelmi Adalberti vice comiti, Amil Petre, Gullielmi Guitardi,
Arnallus Sella, Bernardo Wadalli, Witardo, Remundo Adalberti,
Seniofredi, Oliba præsbiter et aliorum multorum bonorum hominum
qui ibidem aderant. Testificant testes prolati quos profert Udalgarius archipresbyter in faciem de supra dicto judice ad compro-
bandum voluntatem de condam Petri præsbyteri; et hæc sunt nomina
testium qui hoc certificant sicuti et jura[n]t Suniarius presbyter et
Suniarius Benedicti. Jurando autem dicimus imprimis per Deum
patrem omnipotentem et per Jesum Christum filium ejus sanctumque
Spiritum qui est in Trinitate unus et verus Deus, sive super altare
Sancta Maria mater domini cujus baselica sita est in villa Tuluges,
supra cujus sacro sancto altario has conditiones manibus nostris
continemus et jurando contangimus, quia nos supra scripti testes
bene scimus, recte et in veritate sapemus, oculis nostris vidimus, et
aures nostras audivimus, ea hora quando præfatus Petrus presbyter
ad portam domus suæ stabat, loquela plena et memoria integra, et
ibi nos videntes et audientes debitavit corpus suum et omnes suos
alaudes atque omne suum mobile ad sanctam Eulaliam sedis Elnensis
vel ad ipsam canonicam, et in ista voluntate sic obiit de hoc sæculo.
et nos supra scripti testes hoc quod dicimus recte et veraciter testificamur atque juramus per super annexum juramentum in domino.
Latæ conditiones xix kalendis septembris anno xxxiv regni Roberti
regis. Suniarius presbyter. sign. Suniarius Benedicti, nos testes
sumus et has conditiones confirmamus in domino. sign. W. Adalberti vice comes. sign. Amil Petre. sign. Wilelmi Vuitardi. sign.
Arnallus Sella. sign. Bernardi Wadalli. sign. Wuitardi Saboni[1]. sign.

¹ *Saloni ?*

Reimundi Adalberti . sign. Seniofredus presbyter . Gaucfredus sign. Wilelmus judex sign.

Adroari[us] sacerdos exaravi et + sub die et anno præfato.

(Copie de Fossa d'après le Cartulaire d'Elne, f⁰ 178. — Bibliothèque nationale, *Collection Moreau*, vol. XXI, f⁰ 85. — Publié par Honoré Pi, *Biogr. carlov.*, p. 14.)

XXXIV

Statuts du concile de Narbonne, confirmant les biens et privilèges de Saint-Martin de Canigo.

Vers 1031?

In nomine sancte et indiuidue Trinitatis . Guifredus prime sedis Narbonensis archi episcopus . et uniuersa conueniens apud prefatam urbem sinodus ! Scluano uenerabili abbati . atque suis inperpetuum successoribus cunctis . et omnibus matris ecclesie filiis universis. Quoniam iccirco diuina gratia sue nos rectores constituit ecclesie . ut prelatio maiorum infirmitati subueniat subditorum . aequum nobis est ea que sue partis [fuerint[1]] adiuuare . et ne cuilibet adversitati succumbant . totis uiribus eius auxilio sustentare. Tunc enim maxime credimus nobis diuinum adesse presidium . si rebus ad ipsum pertinentibus intulerimus pro posse subsidium. Ideoque nos omnes . simul in unum . secundum uenerabilis Pape Sergii priuilegium . et nostrorum constitutione predecessorum . confirmamus Beatissimi confessoris Xpi Martini cenobium in Kanigoni[2] montis altitudinibus a cultoribus[3] diuine religionis constructum et consecratum et[4] ad seruiendum deo. secundum legem patris beatissimi Benedicti digne dispositum . ut quodcumque usque hodie iuste et legaliter adquisiuit uel inperpetuum adquisierit . in pace teneat et possideat . nec alicuius inquietudinis damna[5] ex qualibet persona sustineat. Hoc ante omnia sub diuini iudicii obtestatione et nostri ordinis interdictione statuentes , ut nulla quelibet cuiuscumque ordinis magna paruaque persona . predictum

---

[1] Manque dans l'original. — [2] Copie *Canigoni.* — [3] Original *accultoribus.* — [4] *Et* manque dans la copie. — [5] Orig. *dampna.*

cenobium cuilibet loco audeat subiugare. Semper autem sit liberum. nulleque seruituti alterius loci obnoxium . sed sicut cetera [1] monasteria regiis preceptis et apostolicis priuilegiis exaltata . per se maneat sublimatum. Deferat uero debitum honorem suo pontifici et proprie sedi . sicut tantum deferre precipiunt kanones [2] sancti. Si quis autem hec nostri concilii statuta parui pendere ausus fuerit . hunc de parte dei omnipotentis Patris et Filii et Spiritus Sancti . et omnium celestium uirtutum omniumque graduum ecclesiastici ordinis et nostra [3] . nisi resipuerit excomunicamus . et ab uniuersorum fidelium cetu extorrem iudicamus . nostreque constitutionis preceptum propriis manibus confirmamus.

Guifredus sancte Prime sedis Narbonensis ecclesie episcopus ✠.

✠ Raimbaldus archiepiscopus Arelatensis.

✠ Petrus episcopus Gerundensis [4].

✠ Beringarius episcopus Elnensis.

✠ Oliba episcopus Ausonensis.

✠ Ermengaudus ac si indignus episcopus Urgellensis.

✠ Amelius episcopus Albiensis.

✠ Guifredus episcopus Carcassensis.

✠ Bernardus episcopus Coseranensis.

✠ Stephanus episcopus Biterrensis.

✠ Odombellus episcopus Luteuensis.

✠ Stephanus episcopus Agatensis [5].

[Item [6] alio in tempore collecti in prefata urbe eodem modo quam plures episcopi . hii qui nec dum subscripserant libenter annuerunt . ac propriis manibus propria nomina conscripserunt.]

✠ Froterius episcopus Nemausensis [7].

✠ Stephanus episcopus Atensis.

✠ Guadallus episcopus Barchinonensis.

✠ Ugo episcopus Uzetensis.

✠ Petrus episcopus Cabilonensis.

✠ Bernardus episcopus Comenensis.

✠ Arnallus Magalonensis episcopus.

✠ Arnallus Tolosanus episcopus.

✠ Heriballus gratia dei episcopus Urgellensis.

---

[1] Orig. *ceteræ.* — [2] Copie *cannones.* — [3] Orig. *nostræ.* — [4] Copie *Iherundensis.* — [5] Copie *Agathensis.* — [6] Ce passage manque dans l'original, où les signatures se suivent sans interruption. — [7] Orig. *Naumasensis.*

✠ Wilielmus Ausonensis gratia dei episcopus.

✠ Vuillemus episcopus Urgellensis.

✠ Raimundus gratia dei episcopus Elnensis.

✠ Beringarius episcopus Ierundensis.

> (Archives départementales, abbaye de Canigo : copie sur parchemin qui
> paraît être l'acte original (?) ; autre copie du xi° siècle, dans un cahier
> en parchemin : publié par Guérard dans le Cartulaire de Saint-Victor
> de Marseille, n° 1062, tome II, p. 532, d'après un manuscrit qui
> paraît être du xii° siècle et conforme au texte de notre seconde copie,
> sauf quelques variantes insignifiantes. M. Guérard rapporte le docu-
> ment à l'an 1031 environ, et vers l'an 1032 pour la seconde série
> de signatures, ce qui n'est guère admissible pour quelques-unes et,
> entre autres, pour celle de Raymond, évêque d'Elne. Il est évident
> qu'à partir de la signature de *Froterius*, évêque de Nîmes, les autres
> ont été apposées à diverses époques du xi° siècle, ainsi qu'on le voit
> dans d'autres documents de cette espèce.)

XXXV

Donation d'un alleu situé au territoire de Pulhà, en faveur de l'abbaye de Canigó.

1036

In nomiue dñi . ego Oriol . et uxor mea . Chixol . et filiis meis
Guilielmus et Iodfred . et filia mea nomine Madresenna . Donatores
sumus ad domum Sci Martini cenobii Canigonensis. Per hac scripturam
donationis. donamus vobis alaudem nostrum proprium q. nobis aduenit
per parentorum. uel per emptione. uel per qualicumque uoce. Et est
iste alods in suburbio Helenense in ualle Confluente. infra terminos
de nilla Folian· in uilar que dicunt Campelies. Id sunt casas casalibus
ortis ortalibus cum arboribus terras. et uineas. pratis. pascuis. siluis.
garicis. aquis. aquarum. vieductibus uel reductibus. Omnia et in
omnibus tam cultum quam incultum. tam montuosum quam decli-
nium. et afrontat iste alods de i. parte. in flumen Ted. et de alia in
monte q. dicunt Planedes. et de .iiii. in Scála. de .iiii. in Roca de
Boltreres. Quantum infra istas iiiior afrontationes includunt. de isto
alaude supra dicto. sic donamus ad domum Sci Martini supra dicti
cum exiis uel regressiis et afrontationibus suis. In tali uero delibe-

ratione . dum ego uiuo Oriol et uxor mea Chixol . teneamus et possideamus . P₉ mortem uero nostram : teneat filius Guilielmus meus . et
unus filius suus . et donemus simul et donent stadal .ı. de cera . per
unum quemque annum . Et post obitum nostrum . remaneant ad
domum Sci Martini supra dicti . omnia que modo abemus uel in antea
adquisierimus per qualicumque uoce . tam in mobilibus quam in
imobilibus . Et est manifestum . Quem uero ista omnia quod superius
resonat de nostro iure in tuo tradimus dominio et potestate sicut
superius insertum est . Quod si nos donatores aut ullus homo qui
contra ista carta donationis uenerit pro inrumpendum . non h. ualeat
uindicare set in duplo componat . Et in antea ista carta donationis
firma et stabilis permaneat omnique tempore et non sit disrupta.

Facta .vıɪI. (sic) ka mai . anno v. regnante Aienrico rege. S+gnum
Oriol. S+gnum Chixol. S+gnum. Guilielmus. S+gnum Madresenna.
qui ista carta donatione scribere fecimus et testes firmare rogauimus.
S+gnum Durandus cog. S+gnum Guilielmus Vives. S+gnum Ato.

Gvilielmus monachus vel sac. scripsit . et cum istis literis condemp-
natis . et sub + die et anno supra dicto.

(Archives départementales ; — original, parchemin de Canigó.)

XXXVI

Vente d'une vigne sise à Taurinyá.

1042

In nomine dei ego Gonfredi . et uxori sue Elo . vinditores sumus
tibi Oriol . per hanc scripturam uindiccionis uindimus tibi peciu[1] ı.
de uinea . qui nobis aduenit per comparatione . uel per qualiq. uoce .
et est ipsa uinea in suburbio Elenense in ualle Confluente infra fines
de uilla Tauriniuni in locum que uocant ad ipso Quonquo . et afrontat
ipsa uinea de ı. par. in uinea Sci Mikaelis[2]. de alia in uinea Anse-
fredi . de ɪɪɪ. in uinea Kimberga . de ɪɪɪ. in me comparatore . Quan-

---

[1] C'est une simple incorrection ou maladresse du scribe, pour pecia, de même
que. plus loin, Tauriniuni pour Tauriniani, et faciumus pour faciamus, car on
voit que dans les autres mots les a sont bien tracés.

[2] Saint-Michel de Cuxá.

tum iste afroutationes includunt sic uindimus tibi ipsa uinea ab
integrum . propter precium slds ii. de dñrs . et est manifestum. Si quis
contra ista carta uindiccionis venerit pro irrupendum uinditores aut
ullusque homo inquietare uoluerit in duplo tibi componere faciumus
cum suam melioracioñ . et in antea ista carta firma permaneat omnique tempore.

Facta carta uindiccionis ii. ka iulii anno xi. regnante Enrigo rege.
S+ Gonfredi. S+ Elo qui ista carta fecimus scribere et testes firmare .
S+ Gilelm. S+ Viuas. S+ Guadamir.

Durandus sacer qui et scriptor + die et anno quod supra.

(Archives départementales, B 84 ; — original, parchemin provenant
de Canigó.)

XXXVII

Vente de terres au territoire d'Alp, en Cerdagne.

1043

In nomine dñi ego Mir . uinditore sum tibi . fratrem meum Gilelm
Per hanc scriptura uindicionis mee uindo tibi . pecias .iiii. de terras .
qui michi aduenit de parentorum uel per quali cumque uoce . in
comitatum. Cerdaniense in apendicio de uila (sic) Albii [1] . et est ipsa .
una . pecia . de terra ad ipso riuo et adfronta ipsa terra de una . parte .
in Riuo. Matris . et de alia . in uia . et de iii. in terra de Arnal . uel
fratre suo et de iiii. in terra [de] me comparatore . et alia pecia . de
terra . qui est uinea qui est . ad Portesc . afronta . de una parte in
strada . et de alia uel de tercia . [in terra] de Bernard . uices . chomite
et de iiii. in terra de filios Sennolfo . qui est . condam . et pecia . tercia
de terra . qui est super ipsa Clossa . uel super ipsos arbores . afronta .
de una parte in ipso torent . et de alia in ipsa douessa et de iii. in ipso
uier . qui uadit . ad Iuuel . et de iiii. in ipso uerdegario . et quarta .
pecia . de terra 'qui est ad ipso Puio . afronta . de una part . in terra
de Sco Ioan . uel in terra de Bernard uiceschomite . et de alia . in
Lodener et de iii. in strada et de iiii. in terra . de Adalbert pbr.

[1] Alp ou Alb, dans la Cerdagne espagnole, à l'ouest de Vilallobent.

Quantum . inter istas afrontaciones includunt . sic uindo tibi ipsa
mea hereditatem . ab integrum . in precio auros .vi. oblimos . in re
ualentem . et est mani.festum. Si quis contra ista carta uindicionis .
ad inrumpendum uenerit . aude (aut de) fratribus . aude filis . aude
eredibus meis . au (aut) nullus que omo inquietare uoluerit non hoc
ualeat uindichare . set in duplo componat . cum sua inmelioracione .
et non sit disrupta. Facta ista carta uindicionis iiix°. kalendas [1] .
frebuarii (sic) anno .xii. regnante Eienrigo . rege. S+num Mir qi ista
carta uindicionis rogaui . scribere et testes firmare. S+num Bernard
Aiela. S+num Guadal. S+num Baro Sunner.

MATFRET p. qui ista carta uindicionis scripsi et + die et anno
quod supra.

(Archives départementales ; — original, parchemin du prieuré de
Cornellà de Conflent.)

XXXVIII

Donation d'une vigne sise à Saórla, paroisse de Vinça, à l'abbaye de Canigó

1043

In nomine dñi ego Guadamirus et Iohannes . donatores sumus dño
deo et Sco Martino cenobii qui est fundatus in monte Canigonis aliquid
de alode nostro proprio. Per hanc scripturam donationis nostre donamus supra dicto cenobio alodem nostrum proprium . id est pecia .i.
de terra que nobis aduenit per parentorum . uel de compra . sive per
qualicumque uoce. Et est ipsa terra in suburbio Elnense . in ualle
Confluente . sub castro Uincano . in apenditio ecclesie Sci Iuliani .
infra fines et terminos de uilla Saorla in ipso Plano. Et afrontat supra
dicta terra . de una parte . in uia qui uadit a Ualorela [2] . et de secunda .
in terra S. Mikaelis . uel S. Petri Rode . de iiia. in terra de Guila uel
filiis suis . et de iiiia. in terra de Senfre uice comite . Quantum infra istas
istas iiiilor. afrontaciones includunt . sic donamus et tradimus in potestate S. Martini iam dicti cenobii ipsa supra scripta terra ab integrum

---

[1] Les traits de la première lettre de la date sont un peu effacés.
[2] Aujourd'hui Vall llorera.

cum exiis uel regressis suis ad omnia quodcumque uolueris facere .
propter deum et remedium animarum nostrarum seu parentorum
nostrorum . et est manifestum . Si quis contra ista carta donacionis
aliqua persona aut ullusque homo inrumpere uel inquietare uoluerit·
non huc ualeat uen dicare quod requirit . S₉ [1] componat in quadruplum . cum sua inmelioratione . et in antea ista carta firma et stabilis
permaneat omni tempore . et non sit disrupta . Facta ista carta donacionis xiiⁱ⁰. ka decembris . anno xiiiⁱ⁰. regnante Aeinrico rege.

S+gnum Guadamir . S+gnum Iohannes . qui ista carta donacionis
scribere fecimus et manibus nostris firmauimus et testes firmare
rogauimus . S+gnum Suniarii Godemari . S+gnum Languardi .
S+gnum Sesmundi Calui.

Miro monachus et leuita qui iscripture (sic) scripsit . cum .vᵉ.
literis superpositis in .iiiiª. linea . et sub + die et anno prefixo.

(Archives départementales ; — original), parchemin de Canigó.)

XXXIX

Donation à l'église d'Elne d'un alleu situé à Banyuls (dels Aspres).

1043

In nomine domini ego Arnaldus presbyter donator sum domino
deo et sanctæ Eulaliæ alodem meum proprium q'i mihi advenit per
genitorem meum atque per genitricem meam . est ipse alodus in
comitatu Rosulionense in suburbio Helenense in villa quæ vocant
Balneolas, et est ipse alodus in Puig Oriol, medala[da]s iii. de vineas,
et alia medalada est in costas de la Guardia . et ipsas tres medaladas
de vineas de Puig Oriol affrontat de parte circi in terra de Olibano
vice comiti, et de alia parte [in terra] de Trasmir vel suos hæredes,
de tertia parte in ipso margine, de iiiiª. vero parte de terras Mir vel
de suos hæredes [   ] . quantum infra istas totas affrontationes
includunt sic dono ipsum alodem domino deo et sancta Eulalia ab
omni integritate cum exiis et regressiis earum, propter judicium

---

[1] Ce mot ne peut être lu que *sus*, et c'est une erreur pour *sct*.

quod feci de treuam [1] Domini, sine ulla occasione atque ulla reservatione . et est manifestum. Quod si ego donator aut ullus etc . Facta ista carta donatione anno XIII. regnante Enrico rege .IIII. kalendas . januarii . signum Arnal qui ista carta donatione jussit scribere et testes firmare rogavit . signum Pere Senfre . signum Bernard Ricard presbyter . sig. Poncius presbyter. Alexander levita qui ista carta donationis scripsit sub + scripsit die et anno quod supra.

(Copie de Fossa d'après le Cartulaire d'Elne, f⁰ 246 : Bibliothèque nationale, *Collect. Moreau*, vol. XXIII, f⁰ 148; — publié par Honoré Pi, *Biogr. Carlov.*, p. 16.)

XL

Vente d'un alleu situé à Armancias, près de la vallée de Ribes, par le prêtre Oldomar et Bella, son épouse.

1044

In nomine dñi ego Oldomar sacer Et femina eius Bella et filiis vel filiabus eorum vinditores sumus tibi Petre emptore . per hanc scripturam vindicionis nostre vindimus tibi alodem nostrum qui nobis aduenit de parentorum vel comparacione aut per qualicumque voce . id est casas casalibus ortis ortalibus terras cultas vel hermas in vineis in arboribus in pratis pascuis siluis garricis aquis aquarum ubique invenire potueris totum ab integrum. Et sunt hec omnia in comitatu Ausonia [2] in valle Riopullo in terminos de Armancias in villare quod vocant Solamal [3] Et affrontat ipsum alodem suprascriptum de parte orientis in Chum Pixados et de meridie in Estegal et [de] occiduo in Taga et de circi in Saltor. Quantum infra istas affrontaciones includunt sic vindimus tibi ipsum alodem jam supradictum ab integrum cum exio vel regressio suo in precium scilicet .VIII. de dinarios de Uigo [4] et est manifestum. Si quis contra hanc ista carta vindicionis

[1] Cette mention d'un jugement rendu conformément à la Trêve de Dieu. est très-remarquable. La première institution de cette trêve pour le diocèse d'Elne semble remonter à l'an 1022.

[2] Comté de Vich ou Ausona. — [3] Lisez *Solanal?* — [4] Villanueva a fait connaître quelques pièces de monnaie frappées à Vich.

venerit per meum p. ·dum (*sic*) non hoc valeat vindicare sed componat in duplo cum omni sua in melioracione. Facta carta vindicionis .xv. kls september anno .xiiii. regnante Aianricho rege. Sig+num Oldomar. Sig+num Bella. Sig+num Bonifilius. Sig+num Richer. Sig+num Gischafred.

ELDEMARVS sacer qui ista carta vindicionis de presentibus manibus suis scripsit et firmavit et firmare rogavit et + die et anno quod supra.

(Archives départementales ; — cahier de titres des possessions de Ripoll dans la vallée de Ribes, série B ; — copie du commencement du xve siècle.)

XLI

Donation de l'église et de deux manses d'Ayguatebia, faite par Girberga, fille de la vicomtesse Guisla, à Guillem-Ramon, son fils.

1046

In nomine domini ego Girberga [1] femina filia que fuit de Guilla vicecomitissa, donatrice vel inmelioratrice sic tibi filio meo Guillemo Raimundo. per ista scriptura donationis vel inmeliorationis, dono vel inmelioro tibi ipsa ecclesia Sti Felicis martiris, cum ipsas primitias, et cum ipsas decimas, et cum ipsas oblationes deffunctorum, et cum ipsas offerendas, et cum ipsos alodes que ad ipsa pertinent de ipso manso dominico, cum ipsos duos orreos et cum ipsis alodis et res que ad ipsum mansum pertinent ; et ipsum mansum ubi Ermemir Petrus habitat cum alodis et res que ad ipsum mansum pertinent vel pertinere debent ; et sunt [2] ipse alodis et res supra scripta in comitatu Confluente vel in termino comitatu Cerdaniensis, in villa que dicunt Aqua tepida vel in eius termines. et affrontat [3] ipsa ecclesia cum ipsos alodes et cum ipsas decimas, de parte orientis in parrochia de Ceira [4] vel de Orella [5] et de meridie i[n] Madauoncles vel in Saltu, et de

[1] Cette dame, fille de la vicomtesse Guisla, se rattache à la famille des anciens vicomtes de Conflent.

[2] Mns *istant*. — [3] Mns *affrontati, vs*. — [4] Mns *Cerda*. — [5] Mns *Dorrello*.

occiduo in Saquanton, et de parte vero circi in Bardol [1] vel in suos termines. Quantum infra istas [2] affrontationes includunt sicut superius scriptum est, sic dono tibi vel inmelioro filio meo Guillemo Raimundo, propter mea bona voluntate vel in mea plena memoria, vel propter servitium quod mihi fecisti de ipsas tuas tres mulas quas mihi dedisti, sic dono sine ulla ocasione et sine ulla reservatione, ad faciendum quodcumque volueris, [et] de me a te libero vel exvacuo et in tua potestate trado . quod si ego donatrice vel inmelioratrice, aut ullus homo vel homines aut femina aut feminas aut legitima aut legitimas, qui hanc ista scriptura venerit ad irumpendum, nihil valeat vindicare quod requiril sed componat in duplo cum sua melioratione, et in antea ista scriptura firma et stabilis permaneat omnique tempore. Et advenit ad me Girberga ipsum alaudem supra scriptum pro (per) scriptura donationis vel inmeliorationis genitrice meæ nomine Guilla vicecomilissa vel voce parentorum meorum . et est manifestum. Facla ista scriptura donationis vel inmeliorationis VIIII. kal aprilis anno X°. V°. regnante Henrico rege. Sig+num Girberga que ista scriptura donatione vel inmeliorarione fieri iussi vel firmaui et testes firmare rogaui. Sig+num Loctus. (sic) Ermomir. Sig+num Mir Ermomir. Sig+num Adalbertus. leuita. Sig+num Mir.

Arnallus sacer qui ista scriptura donatione vel inmelioratione rogatus scripsi sub sig+no die et anno quod supra.

> (Archives départementales, B 87 ; — copie faite le 5 octobre 1663 par François Steva, notaire d'Urgell, ex quodam libro magno in pergameneis foliis scripto intitulato Dotaliarum Ecclesiæ Urgellensis, Liber primus, des archives du chapitre d'Urgell.)

[1] Mns Pardoll. Presque tous les noms propres de ce document ont été mal écrits par le copiste. Saquanton est un lieu inconnu, qui semble correspondre à Caudiès ou à Ralléu.

[2] Mns totas.

XLII

Serment de Guillem, fils de Doda, à Ramon, fils d'Em ou Emma, au sujet de divers biens et des abbayes de Saint-Pierre de Besalu et de Saint-Étienne de Banyoles.

Vers 1050

Ego Guilielmus filius qui fui de Doda *femina* . de ista hora inantea non dezebre Raimun filius qui fuit de Em *femina* . de sua uita . neque de suis membris qui in corpus suum se tenent . neque de suos castellos . neque de suos feuos . uel alodes . uel baglies . neque de ipsa abathia de sancti Petri de Bisilduno . neque de sua honore que hodie habet . et inantea cum meo consilio adquisierit. Et ego Guilielmus prescriptus ista omnia suprascripta [a]ut de ista omnia suprascripta . non o tolre no [t] no len tolrei ad Raimun prescriptum . nec ego . nec homo . nec homines . nec *femina* nec *feminas* . per meum ingenium . neque per meum consilium. Et si homo est aut homines . *femina* aut *feminas* . qui to[llat au]t tollant . ista omnia supra scripta . aut de ista omnia supra scripta ad Raimun supra scriptum . ego Guilielmus iamdictus adiutor len seré ad Raimun iamdictum . per fidem sine engán . de cunctos homines . uel *feminas* unde Raimundus iamdictus me Guillelmum iamdictum comonra per nom de isto sacramento . per se ipsum . uel per suos missos uel missum. Et de iam dictum comunimentum comonir nom uedaró. Et iam dictum adiutorium sine engan lo li faré . exceptus *corpus de Guilielmo comite de Bisildun.*

Et ego Guilielmus iam dictus finem nec treuuam nec societatem . non auré . ne no tenré . ab Pere et ab Esteuen . et ab Bernard . fills qⁱ sunt de Gerberga *femina* . ad illorum ben neque ad damnum iamdicti Raimundi . sine consilio iamdicti Raimundi. Et ego Guilielmus prescriptus infra primos sexsaginta dies . que *Andreas frater meus* . auré recobrada ipsa abatia sancti Stophani de Balneolas . faré iurar ad Andreu suprascriptum per unum cauallarium ad Raimun iamdictum . que non auré finem nec treuuam nec societatem ab Pere nec ab supradictos fratres suos . sine consilio iamdicti Raimundi.

¹ *Sic : llsoz ns.*

Et si Andreas mortuus fuerit prescriptus frater meus . ego Guilielmus
iamdictus similiter o fare fer ad meum filium . aut ad meum fratrem
q¹ ipsam abatiam abuerit . ad predictum terminum. Et iamdictus
Andreas no fenesca iamdicta abadia . ante quam recuperet eam . sine
consilio iamdicti Raimundi.

Sicut superius scriptum est si o tenre et o atendre ego Guilielmus
prescriptus ad Raimundum prescriptum ! exceptus quantum Raimundus iamdictus me a soluera suo gradiente animo siue forcia.

ᴀ ʙ Ϲ d ꬲ Ϝ ɢ ʰ ɪ Ƙ l . m . n :

(Archives départementales : original, charte-partie sur parchemin;
Fonds du marquis Joseph d'Oms, pièce provenant des archives de
la famille Bassèdes. — Nous avons publié ce document dans la
Revue des langues romanes, 1872, p. 274.)

XLIII

Plaid en faveur de l'abbaye de Cuxa et de sa terre de Bahó.

1051

In nomine domini . hæc est scriptura conditionum atque evacuationis vel placita, peracti in petitione vel querelatione Gaucelmi
monachi vel Olive monachi vel prepositi, sub presentia Gaucberti
Guillelmi vice comitis ¹, et Udalgarii archidiaconi, et Bernardi Geralli
de Villanova de Roter², et Raimundi Ostendi de Malloles, et Amelii
Olovigii de Malloles, et Guillelmi Mironis de Cireseto(?) . et Adebrandi
Bernardi de Tugurio (?), et Poncii Segedii de Elna. In jam dictorum
præsentia vel in judicio Petri Willelmi judicis, testificaverunt testes
his nominibus Oliba Gausfred de Basoni, et Arnal Conam (?) de
Basoni; isti prædicti testes testificaverunt et juraverunt terminos de
alode Sancti Michaelis monasterii Coxani. Est autem prænominatus
alodis in comitatu Resollonense atque in terminis de villa Basoni.
Et monstraverunt prescripti testes ipsos terminos, qualiter viderunt
prædictum alodem tenere et possidere per habitatores Sancti Michaelis

¹ De Castellnóu. — ² Villeneuve-de-la-rivière.

jam dicti ; et affrontat a parte orientali in alode Sancti Stefani monasterii, a parte vero meridiana in media aqua decurrente de flumine Ted,
et ipsa aqua decurrebat ipsa die juxta altiorem ripam quæ imminet
ipsi aquæ apud dicta parte meridiana, ab occidente autem affrontat in
alode Petri Bligerii et Willelmi vice comitis de Tatzone, de parte
aquilonis in terra Sancti Michaelis jam dicti . quantum prædicte
affrontationes includunt fuit demonstratum e, testificatum atque jura-
tum apud dictis testibus. Idcirco ego in Dei nomine Bligerius Olive et
ejus uxor Gualangardis, qui tollebamus prædictum a.... .n a potestate
Sancti Michaelis jam dicti, recognoscimus quia in prædicto alode
ullam vocem neque ullum directum in jam dicto alode non habemus.
Facimus autem insuper hanc scripturam evacuationis vel cessionis ut
nec nos neque aliquis per nostram vocem prædictum alodem vel aliquid
de prædicto alode a potestate Sancti Michaelis tollere vel querelare
vel inquietare presumamus aut presumat . si quis autem prædictam
scripturam etc. Factum est hoc viii kalendas septembris anno xxi
regni Enrici regis. Signum Bligerius . signum Gualangardis qui hanc
evacuationis [scripturam] facimus . sig. Oliba Gauzfret . sig. Arnal
Conam qui prædicta testimonia dedimus et juravimus super altare
Sanctæ Eugeniæ [1] de ipsa ripa etc.

(Copie de Fossa d'après les archives de Cuxa : Bibliothèque nationale,
Collect. Moreau, vol. XXV, f° 51 ; — publié par Honoré P°i, *Biogr.
Carlov.*, p. 21.)

XLIV

Donation d'un alleu sis à Canet, faite au chapitre d'Elne
par Volverad, chanoine.

1052

In nomine domini . ego Vuolveradus levita Sanctæ Eulaliæ sedis
Elnæ canonicus, dum ægretudine detentus apud Elnam jacerem in
domo Saniliata (?) quæ tunc erat episcopalis, sub ecclesia contra
castrum, meditatus sub (sum?) annuente domino quid de meis rebus

---

[1] Sainte-Eugénie au-dessous du Soler.

atque alodiis disponerem. Affuit autem ante me Kyxul mea genitrix et frater meus Bernardus Guillelmi, cæterique propinqui atque amici, boni vero[1] fideles sacerdotes et clerici, insuper proxima persistebat beata canonicorum societas quæ meo decessu valde tristabatur. Disposui ergo quæ potui . ex alodio autem meo audiant omnes qui voluerint quid facio. Ego iterum Volveradus levita dono atque condono dimitto et firmo in Christi nomine alodium meum proprium domino Deo et Sanctæ Eulaliæ sedis Elnæ ad canonicos ejusdem, ad proprium alaudem. Est autem iste alodis in comitatu Russilionensi in suburbio Elnæ in villa de Caneto vel in ejus terminis et finibus . sunt vero mansi curtes casæ et casellinæ cum suis pertinentiis . sunt etiam terræ et vineæ cum suis ajacentiis terminis et limitibus et affrontationibus . advenit ergo mihi alodium istud ex meo patre Guillermo sive per qualemcumque vocem etc. Factum ex hoc decimo quarto kalendas maii anno xxº 1º regni Henrici regis . sig. Volveradi levita qui scribere nesciebam[2], qui hanc scripturam fieri jussi firmavi et firmare rogavi [testes] fuerunt archidiaconus Vzalgarius, et Geraldus sacrista, Ellemarus et Stefanus, seniores . cæteri canonici. Gauzbertus Elenensis, et alter Gausbertus caput scholæ, Bernardus vicarius Elnæ canonicus, Remundus et Clerianensis (?) levita . Bernardus sacerdos, autem quam plurimi, Laudricus, Marcolus, Martinus, Pontius Guillermi, Stefanus de Villa Senatoria, Bernardus sacerdos. Sig. Gislaberti levitæ . Sign. Durandi levitæ et caput scolæ . Berengarius episcopus [✠]. Sign. Enardi levitæ . Sign. Ebletus levitæ . Sign. Guitardi Mironis camerarius . Sign. Arnaldi Ajalberti . Sign. Adalus grammaticus.

[Uzalgarius?] Archidiaconus scripsit hanc cartam rogatus a donatore die et anno præfato cum litteris rasis et emendatis ubi dicitur *sedis Elnæ.*

(Copie de Fossa d'après le Cart. d'Elne, fº 50 : Bibliothèque nationale, *Collect. Moreau*, vol. XXV, p. 76; — publié par Hon. Pi, *Biogr. Carlov.*, p. 18.)

[1] *viri? —* [2] Ce mot signifie sans doute « ne pouvais pas. »

XLV

Consécration de l'église d'Éus.

1053

In nomine dei omnipotentis patris et filii et spiritus sancti era millesima .xc.i. indicione v⟨a⟩. veniens vir reverentissimus Berengarius Helenensis episcopus, in suburbio Helenensi in valle Confluentis in villa quam vocitant Hels[1], ad consecrandam ecclesiam in honore Sancti Vincentii, et Sancti Jo[h]annis quam edificaverunt omnes homines, id est, Bernardus Amalrrichi, Petrus Vincentii, et Seniofredus, et Guiffredus, et alii boni homines qui ibidem aderant. Et habet terminos ipsa ecclesia . de prima parte in ipsa Schalera, de alia in ipso pariete qui est super Chavalleram . qui affrontat in alode de Sancta Maria Crassa[2] . de iii. in villar Chasalons . de iiii. in alode de Stanils. Quantum infra istas affrontationes includitur . sic donamus ad ipsam ecclesiam de Sancto Vincentio vel Sancto Jo[h]anne ipsum decimum cum primiciis et oblationibus suis, et cum ipso suo cimenterio . totum ad integrum cum exiis et regressiis earum et cum illarum affrontationibus . sic donamus jam dictos honores . videlicet ista omnia superius scripta . ad domum Sancti Vincentii que est sita vel fundata in villa quam vocant Hels[3]. ea videlicet lege ut ipsa ecclesia sit subdita matri ecclesie Sancte Eulalie . et michi succedentibus episcopis; et per singulos annos sacerdotes illic deo servientes et predictis utentes, faciant cohortem matri ecclesie de Helna, et nichil aliud . Si quelibet autem personna (sic) hunc titulum dotis infringere temptauerit non solum excommunicationi vel maledictioni . sit nexus . verum etiam et anathematizatus et a regno dei exclusus nisi pœnitendo intervenerit lacrymarum rivus, et insuper satisfactionis fructus . et hec nostra concessio vel donatio perpetuo vigore sit stabilita, et usque in eternum firma. Concedimus etiam ei omnes suos alodes quos

---

[1] et [3] Mns *Heus*. Cette orthographe du nom vulgaire d'Éus est certainement une erreur ou mauvaise correction du dernier copiste de ce document, car, dans tous les actes originaux depuis l'an 1035, on trouve ce nom constamment écrit *Els* ou *Hels*; c'est seulement en 1318 que l'on voit pour la première fois la lettre *l* changée en *u*, *Euls*.

[2] Mns *de Grassa*.

habet in eadem villa vel ubique cum omnibus suis superius scriptis. Facta est autem hec consecratio iii idus februarii anno xxii. regnante Henrico rege Franciæ. ✠ Berengarius episcopus ✠. Sig+num Petri tunc temporis capellani . Sig+num Bonifilii presbyteri . Sig+num Pontii . Sig+num Bernardi. Sig+num Jo[h]annis Durandi . Sig+num Petri Vincentii . Sig+num Giffredi . Sig+num Golfredi . Sig+num Seniofredi.

Et ego jam dictus Bernardus Amalrichi dono hac die consecrationis ad Sanctum Vincentium, et ad ipsam suam ecclesiam, petiam unam de vinea quam habeo in loco quem vocant Gardiola.

Dominicus sacer qui hanc dotem scripsit et sub + die et anno quo supra.

(Archives départementales: — titres de la Prévôté majeure de Canigó, f⁰ 7; copie du xviii⁰ siècle sur une copie faite en 1187 d'après le titre original, *que nimia vetustate consumta vix legere poterat, unde eam translatare fecerunt*.)

XLVI

Donation d'un alleu sis à Ro en Cerdagne, faite à l'abbaye de Canigó.

1063

IN nomine dñi ego Gallin donator sum ad domum Sci Martini cenobii Kanigonensi. Dono namque ad predictum locum alaudem meum proprium qui michi aduenit per parentorum siue per compra uel qualicumque uoce . Et est ipse alauds in comitatu Cerdanie . in pago Liuie . infra fines de uilla Arron . et afrontat ipse alaud de una parte in Puio Baluell . de ii. in Gurguia . de iii. in Roca de Fel . de iiii. in Anns . Quantum infra istas omnes afrontaciones includunt . sic dono ad iam dictum locum quantum ibi habeo per qualicumque uoce . In tali conuentu . ut dum uiuent filii mei et nepti mei teneant et possideant . et donent per censum dinarios .iii. in rem ualentem . per unum quemque annum . et est manifestum . Post obitum vero eorum remaneat ad predictum locum . et teneant propinqui et posteri mei per laboratione . Et sicut iam dictum est . est manifestum . Quod

si ego aut filii mei . aut aliquis homo contra hanc cartam uenerit ad
disru[m]pendum . non hoc ualeat uindicare quod requirit . sed in
duplo componat . et in antea ista karta donationis firma stabilisque
permaneat . et non sit disrupta. Facta carta donationis .xiii. kal. iulii .
anno .iii. regnante rege Philippo. S+num Gallin qui hanc cartam
donationis scribere feci . et testes firmare rogaui . S+num Bernard
Sendre . S+num Willielm Suniarii . S+gnum Senfre Pere.

Thedmarus monachus et sacer qui hanc cartam iussus a doño
abbate et rogatus ab ipso Gallin cum iiii literis emendatis scripsi et
sub + die et anno quo supra.

(Archives départementales : — original, parchemin de Canigó.)

XLVII

Vente de deux vignes situées à Serdinyá.

1066

In nomine dñi ego Garsen et filios meos id est Mir . et Raimundo .
et Guinedeld . uinditores sumus tibi Iozfret . et ad uxor sua nomine
Maria Emptore. Per hanc scriptura uindicionis nostre uindimus uobis
peciæ .ii. de uineas . qui nobis aduenit de parentorum siue uel per
qualicumque uoce. et sunt ipsas uineas in suburbio Elenense in ualle
Confluente in apendicio de uilla Segodanniano . In locum qui uocant
ad ipsa Mola . super uia . Et ipsa .i. pecia de uinea afronta (sic) de .i.
part (sic) in uinea de filios de Raimundo Guifret qui est condam . et
de alia in filios de Elperigo qui est condam . et de iii. in nos (sic)
comparatores . et de[1] iiiiº. in uinea de Senfret Aduer. Et alia pecia
de uinea qui prope est afronta in uinea de filios de Raimundo Guifret
qui est condam . et de alia (sic) de Guifret Senfret . et de iii. in filios
de Olperic qui est condam . et de[2] iiiiº. part afronta ipsa ulnea . in
uinea de nos comparatores. Quantum inter istas iam predictas afrontaciones includunt . sic uindimus uobis ipsas uineas ab integrum .
propter precium slds .ii. et dinarios v. et est manifestum . et si quis

[1] et [2]. Comme dans la charte 36, la lettre u n'est ici qu'un a mal tracé.
Cette pièce est d'ailleurs écrite avec beaucoup de négligence.

contra hanc ista karta uindicionis uenerit ad inrumpendum aut nullus
que omo uel feminas qui inquietare uoluerit non hoc ualeat uindicare .
set componamus aut componat uobis in duplo cum suam melioracioñ .
et in antea ista karta uindicionis firma permaneat omnique tempore .
et non sit disrupta . Facta ista [scriptura] uindicionis .vii. kldas
februarii . anno vi. regnante Filipo rege. Sig+num Garsen . Sig+num
Mir. Sig+num Raimundo . Sig+num Guinedel . qui ysta ¹ karta uindicionis fecissemus scribere per nostram bonam uolumptatem . et ad
teste (sic) rogauimus firmare . Sig+num Guifret Senfret . Sig+num
Senfret Todiscle . Sig+num Secdannano Sunegeld.

BERNARdus sacer qui hoc scripsit cum litteris insuper positis in
reciolo iiiᵒ. uel in iiiiᵒ. + et sub die et ano (sic) prefixo.

(Archives départementales, B 84 ; — original, parchemin provenant de Canigó.)

XLVIII

Testament d'Arnáu Bernard (de Fulhà).

1067

[In D]ei eterni nomine ego ARNALLVS Bernardi . Illatam senten-
tiam [morta]libus timens ne inordinatis meis rebus ab hac luce sub
ducar . Propterea hunc titulum testationis facio . ut quicquid hic
subter annixum [fue]rit firmissum permaneat. Et rogo atque hordino
ut sint ad[vocati] mei atque elemosinarii . id sunt Guinedellis uxori
mee ² . et Guilielmus Adalberti . et Petrus Pontii . et Berengarius
Bernardi. Et rogo eos [quod] si antea obiero quam alium testamentum
faciam . omnes res meas si[cut hic] iussum uiderint donent et distribuant ut ad Dño adquirant mercedem. In primis sicut conueni et
stabiliui cum predicta uxori mee³ Guinedelli [e]t illa mecum . ut sicut
meos alodes ita et suos . secundum uoluntatem meam tenuissem . et
illa ita meos alodios sicut et suos simili modᵘ testor et ordino firmiter
perseuerare. In primis iubeo omnes meos alodios que habeo in cunctis-

---

¹ L'y est surmonté d'un point; cette forme de la lettre y est employée en
Reussillon jusqu'au xvᵉ siècle.
² et ³ Les o cédillés.

que locis q' m[ich]' aduenerunt tam ex paterno quam ex materna uoce .
seu per comparationibus siue per complantationibus atque per qua-
lisquecunque uocibus remanere ab integrum a iam dicta uxor mea
Guinedelli in uita sua . sine blandimento [de] ullo homine uel femina .
et sine blandimento de ullo filio suo uel filia . si uiduitatem tenuerit .
cum ipso feuo quem teneo de Sca Maria Crassa de Santiano [1] et Uulpi-
liago . sicut ego habeo et teneo omnibus diebus uite sue . [et] ipso feuo
de Cardils simul remaneat ei . In tali ordine ut teneat filios suos et
ennutriat sicut mater filios deceì . Alia mea honore quem habeo in
cunctisque locis . remaneat predicte uxori mee Guinedelli cum filio
meo [G]uilielmo . ut insimul habeant et teneant omnibus diebus uite
Guinedelli iam dicte . si possunt stare insimul . Et si non possunt
insimul stare . remaneant prelibatos alodios cum ipsos feuos de Santiano et Uulpillago (sic) . et de Cardils . sicut superius insertum est.

Post descessum uero predicte Guinedellis . remaneat iam dicto filio
meo Guilielmo ipso manso de Foliano de suptus furno . et subtus
curtilio superiore sicut ego habeo et teneo cum trillolia q' subtus
q'quina de ipso manso est . et ipso orto q' ante ipso manso est . et
ipsa uinea de ipso Conquo . cum ipsa rouira . Hoc totum pro sua
melioratione.

Ad Ermengaudo filio meo ipso manso de Saorlla . exceptus ipsas
comparas q'es ego feci cum uxori mee qui ad me prefate Guinedelli
aduenit per ienitori meo nomine Godmar . remaneat ei omnibus diebus
· uite iam dicti Ermengaudi . et ipsas comparas quas nos fecimus in iam
dicta uilla Saorlla similiter remaneat a prefati Ermengaudi in uita
sua . Post obitum uero ejus . remaneant iamdictas comparas ad filios
meos masculos.

A Rodlan filio meo ipsum meum alodium quem habeo in uilar
Uilarzello et in uilar Solerol cum ipsas domos terris et uineis et
omnibus ad se pertinentibus . sic remaneat ei.

A Guila filia mea pro sua ereditate ipso manso qui est in Estol
cum omnia qui ad ipsum mansum pertinent . cum ipsos solidos mille
quod dedimus tibi et uiro tuo.

A Santia filia mea . remaneat ipso manso qui est in Tellied cum
terris et uineis . et omnia que ad hoc pertinet . et ipso manso de
Ulnciano similiter remaneat ei: cum hoc qui ad ipsum mansum
pertinet.

[1] Sansá.

Alios meos alodios quem habeo in comitatu Cerritaniense in uilla
Hur . id sunt domos cum ortos et terras . et de Uillanguli . et de Curt
Floridie . et in ualle Confluente in uilla Foliano . et in ualle Asperi in
uilla Milliars exceptus ipsa melioratione quod ego dedi filio meo
Guilielmo sicut superius est insertum . sic relinq⁰ omnes alodios
meos ad Guilielmo filio meo . et Bernardo . et Arnallo . et Petro . et
Reimundo . et Berengario . unus quisque equaliter portione accipiat.
Et qualis cunque ex illis in inperfecta obierit etate . aut sine infante
legitimo hereditas eius remaneat ad alios qui superstes sint . Et a
Guilielmo filio meo ipsa honor mea quem habeo in cunctisque locis.
remaneat ei . sicut decet filio optimo . Si Guilielmus meus filius obierit
sine filio legitimo . remaneat ipse honor a Bernardo filio meo . Si
Bernardus obierit sine filio legitimo . iubeo remanere ipsam honorem
simili modo ad unumquemque alios filios meos per suas etates usque
ad minimum.

De ipso pane et uino q⁰s deus dedit . et in antea dederit de ista
laboratione . ipsa tercia parte . Et de ipsas meas equas . et boues . et
asinos . et oues . et porchos . ipsa medietate pro anima mea . Et iubeo
soluere omnes nostros q⁰s debemus insimul debitos . Alio uero mobile
drapos . uascula maiore uel minore ipsa tercia parte pro anima mea .
De ipsa tercia parte de ipso mobile qui ad me pertinet p9 solutos
debitos. ipsa tercia parte remaneat Sci Michaelis Choxani cum corpus
meum . Alie due partes qui remanent . diuidant mei elemosinarii . in
ecclesiis . in clericis et in pauperibus et in sca luminaria sca . Et
ipsum guadardonem uel debitum quod debet michi seniori meo Guilielmo . remaneat Guilielmo filio meo . et Bernardo fratre eius . Et
rogo te karissime senior memor sis michi . A filio meo Ermengaudo
remaneat egua (sic) una. Et uxor mea Guinedelli . remaneat in baiolia
dño deo et scis suis . et Guilielmo Reimundo ¹ seniori meo karissimo.
et fratre eius Henrico . et Udalgario nicecomite . et Arnalli Riculfi .
et Petri Pontii . et Reimundi Seniofredi.

Et filii mei . sint in baiolia domino deo . et sca Maria . et sco Petro.
et sci Iacobi . et omnibus scis eius . et de doño Reimundo gratia dei
comes . et doña Adala comitissa . et de karissimo seniori meo Guilielmo . et Heenrico (sic) fratre eius et Udalgario nicecomite . atque
Arnalli Riculfi . et Petri Pontii . seu Reimundi Seniofredi . et meis
bonis hominibus. Facto testamento .v⁰. ka stb ² . in anno viii. regni

---

¹ Guillem Ramon, plus tard comte de Cerdagne. — ² Septembris.

Philipi regis . Sig+num ARNALLVS qui hunc testamentum mea
memoria plena iussi scribere et rogaui firmare . Sig+num Guada-
miro sacer . Sig+num Bernardo Petri . Sig+num Bermundo Hugo.

Tructarius pbr qui hunc testamentum cum litteras emendatas in
sexta linea . et in uigesimo secundo fusas et deletas scribsit . et sub
+ die et anno prefixo.

(Archives départementa'es : - origi.. l, parchemin du prieuré
de Cornellà-de-Conflent.)

--- --- ---

XLIX

Vente d'un héritage situé à Alb en Cerdagne.

1069

In nomine dñi ego Giriberga femina cum filio meo Arnal . nos
simul in unum uinditores sumus uobis Neuia et Bonefilio filio cum
uxore tua Guilla siue cum fratre tuo Pere . emptores . Per hanc scriptura uindicionis nostre uindimus uobis kassas kasalibus cum curtes
et columbarios cum super positis cum petras mobiles uel imobiles
et cum gutarios ortis ortalibus cum arbores terras et uineas cum
arboribus cultum uel eremum pratis pascuis siluis garricis uieductibus uel reductibus cum terminibus et affrontacionibus cum exiis
uel regressis earum quod nos abemus uel abere debemus uel in (sic)
inuenire potueritis . qui nobis aduenit de parentorum siue de compara
uel per qualicumque uoce. Et est ipsa hec omnia in comitatum Cerritanie In apendicio de uilla Albii . uel infra fines et terminos eius .
Et affronta iam dicta omnia de .Iª. parte in Laguna . et de alia in monte
Caluo . et de .IIIª. in Volira . et de .IIIIª. in flumen Segre . Quantum
inter istas affrontaciones includunt sic uindimus nos uobis ipsa hec
omnia ab integrum in propter precium Solidos .XII. in rem ualen'em.
Ouem uero de nostro jure in uestro tradimus dominio potestatis ad
omnia que uolueritis facere et est manifestum . Quod si nos uinditores aut ullusque homo uel femina qui inquietare uoluerit non hoc
ualeat uindicare sed componant aut componamus uobis in duplo cum

sua imelioratione . et in antea ista karta uindicionis firma sit et sta-
bibilis (*sic*) permaneat omnique tempore . et non sit disrupta . Facta
ista karta uinditionis .ıı. idus frebroarii (*sic*) . Anno .vııı. regni
Philipho(*sic*) regis Francie . S☩num Guiriberga . S☩num Arnal .
qui ista karta uinditionis mandauimus scribere et testes firmare
rogauimus . S☩num Bofil At . S☩num Remun Isarn . S☩num
Radolph.

GUIFREDUS pbr Qui ista karta uindici[o]nis scripsit et sub ☩ die
et anno qº supra.

Et [1] est ipsa karta scripta uel tradita in pres[encia de] Arnal Agela
et de fratre suo Bernard . et de Ponc Arnal et de Bernard Guifret et
de Pere Senfret . et Ponc Pere . et Enge de Pug . et Ermemir.

(Archives départementales : — original, parchemin du prieuré
de Cornellà-de-Conflent.)

Au verso : *Rodalia de Alp*. et, d'une autre écriture : *Omnia
ista instrumenta sunt de Alb et de Mosol.*

L

Donation d'un héritage sis à Ayguatebia, à l'église d'Urgell.

1070

Prisce leges sanxerunt ac docuerunt ut res donate si in presenti
fuerint tradite nullo modo repetantur a donatore. Igitur in Dei omnipotentis nomine, nos videlicet Berengarius Ricardii necne Santa
Guillermi et filio eius Guillermo Sanle, donatores sumus dño et alme
dñi genitricis Marie Sanctique Ermengaudi et eorum canonice. Per [2]
hanc scripturam donationis donamus ibi ipsam hereditatem quam
habuit Adalandis deugerrni (*sic*) [3] omnibus alodiis de Aquatepida
sic[ut] dimisit eam filia sue Gerberge . id sunt domos cum solitis et
suprapositis curtis ortis ortalibus alodiis cultis et incultis planum et
plenum (*sic*) montuosum et declivum, pratis pascuis silvis garricis
vineis arboribus pomiferis et inpomiferis, petris petrarum aquis

---

[1] Même écriture, plus menue.

[2] Mns *et*. — [3] *Adalandis* doit sans doute être lu *Adalaydis*, et le reste *deugerr
in*, mais le mot *deugerr* ou *dengerr*, mal transcrit par le copiste, reste incom-
préhensible.

aquarum viaductibus et reductibus, omnia et omnibus quidquid dici
vel nominari potest quod ad usum hominis pertinet, et cum ipsis
hominibus commanentibus in eisdem domibus et eorum servilia.
Que omnia advenit nobis ad me Berengarium de patre meo, et ad me
Sanla per vocem uxori mee jam defuncte, et ad me Guillelmum [per]
parentorum meorum et per omnes voces. Est nempe prefata omnia
in valle Confluenta (sic) intra parrochiam Sancti Felicis in locum
prenominatum et in prefata villa que vocant Aqua tepida. affrontationes nempe sunt a parte orientis in Sancta Maria de Oreliano[1]. ab
australi namque parte in podio de Portel, ab occidentali vero clima
in Sancti Valentini. a parte septentrionis in ipso Podio de Torn.
Quantum prefate affrontationes concludunt et undique circumeunt,
sic donamus domino deo et Ste Marie Stique Ermengaudi ei eorum
canonice prefata omnia sicut prescripta est, cum decimis et primitiis
et taschis et oblationibus, cum omnes nostras voces quas ibi habemus
et habere debemus omnibus modis propter dñi (deum) et remedium
animarum nostrarum, ut sit omni tempore in perpetuum junctum de
canonicis jam dicte canonice. Et est[2] manifestum. Que vero preno-
minata omnia de nostro jure tradimus in dominium et potestatem jam
[dicte] Sce dei genitricis Scique sui Confessoris necne canonice et
canonicis, ad illorum proprium absque ulla retinentia, ad faciendum
inde quidquid voluerint in dei nomine liberam habeat potestatem.
Quod si nos donatores aut aliquis homo vel femina, nobili aut vili
persona, qui contra[3] hanc cartam donationis surrexerit per inrumpendum, non[4] hoc valeat vindicare, sed in quadruplum cogatur
componere cum augmento tocius melio[ra]cionis. et in antea hec
scriptura firma et inconvulsa permaneat quousque finis aeui veniat.
Que est acta xvii ka septembris xº anno imperante rege Philipo
Francigena[5]. Sig+num Berengarii Ricardi. Sig+num Sanle Guillermi. Sig+num Guillermi Sanle. Nos pariter qui hec libenter
fecimus et firmavimus et testibus firmare precepimus. Sig+num
Gomballi Blidgarii. Sig+num Mironis Ermemiris. Sig+num Oliue
Sclue.

Diaconus Ermengaudus scripsit rogatus sig+num impressit sponte
aut invitus sig+no in die et anno prefixo.

(Archives départementales, B 87; — ex libro primo dotaliarum
ecclesie Urgellensis, copie du 5 octobre 1663.)

[1] Mns Oleta. — [2] Mns rem satis au lieu de et est. — [3] Mns citra. — [4] Mns in.
— [5] Mns Germinia.

LI

Donation à l'abbaye de Cuxà d'un alleu et de salines au territoire de Torrelles.

1070

In nomine dei ego Isarnus Bernardi et uxor mea nomine Adales, cum filiis meis Berengario et Gausberto atque Bernardo sive Raimundo, donatores sumus deo et cœnobio Sancti Michaelis Coxani. Per hanc scripturam nostræ donationis donamus atque concedimus eidem cœnobio alodem nostrum proprium, qui nobis advenit de parte parentum nostrorum sive pro qualicumque voce . est autem predictus alodis in comitatu Rossilionensi infra fines et terminos de villa que vocatur Torrilias, id est medietas de manso que est hereditas mea in quo Bernardus Orucii habitat, et medietas ipsius podii que aderet jam dicto manso . et habet affrontationem de una parte in mansionem Gitardi Gausberti, et de secunda in casa Bertrandi Raimundi et Gausberti, et de tertia in otal (ortal?) Isarni Stephani, et de quarto in manso Rigualdi Gausberti . Et in Geniella (?) ubi antiquitus vocitatur campum Sancti Sepulchri, sestaradas IIII^{or} de terra, que affrontat de duabus partibus in terra Sancti Michaelis, et de aliis duabus in viis que pergunt ad Gradum . Et in alio loco, id est in via de Tor, sesterada I^a ; et in loco qui dicitur Madrigeres, sestaradas x de terra, que affrontat de duabus partibus in terra Gausberti Bernard, et de quarta in terra Isarni Stephani . Et in Vassalid, pecias III de terra, que affrontant de una parte in strata, et de alia in Vassa, et de III^a in alode Gausberti Bernardi, et de IIII^a in terra Gausfredi Orioli ; et in ipso loco pecia I. de vinea quam plantavit Durandus cum fratre suo Guillelmo . Juxta etiam ecclesiam Sancti Juliani, medietas ipsius cellarii in cujus fronte rotat cardo portæ sacrarii quod est circa eamdem ecclesiam . Quantum vero infra predictas affrontaciones habemus vel habere debemus ullo modo donamus atque concedimus, cum decem salinis quæ sunt ad stagnum, præclibato Coxanensi cœnobio ad proprium etc. Facta charta donationis xv kalendas decembris anno xi regni Philipi Franciæ regis.

(Copie de Fossa, d'après le Cartulaire majeur de Saint-Michel de Cuxa, f° 74 : Bibliothèque Nationale, *Collection Moreau*, vol. XXX, p. 44 ; — publié par Don. Pi, *Biographies carlovingiennes*, p. 19.)

LII

Plaid tenu à Cornellà de Conflent sur les dispositions du testament verbal de Pere Guillem, décédé à Palencia (en Castille).

1072

In Xpi nomine, hec est sacramentalis conditio ultime voluntatis condam Petri Guillermi, ad quorum ordinationem residebant Raimundus Ermengaudi, et Arnallus Sancii, et Seniofredus, sacerdotes, et Adalbertus judex, in pago Corneliani [1], adstantibus ibi duo Guillermo comite Cerdanie, Berengario Raimundi, et Ermengaudo Raimundi, et Raimundo Mironis. et Arnallo Arnalli, et Bernardo Berengarii, et Petro [2] Gislaberti, et Guillermo Seniofredi, et Egedmaro Carucii, et Deodato procuratore et aliis quamplurimis . in jamdictorum presencia propter comprobandam perultimam voluntatem, que est facta secundum judicialem legem, que verbis tantu[m]modo coram probatione promulgata patuit, qu[i]a instante periculo mortis vel quocumque impedimento etiam scribi nequivit. Ideoque nos testes Berengarius Sanle et Arnallus Ermengaudi et verum dantes testimonium, juramus per patrem et filium et spiritum sanctum confitentes hanc Trinitatem unum et verum esse Dominum, super aram altaris Sancti Jacobi Apostoli cuius ecclesia constructa permanet in pago Corneliani, tactis reliquiis eiusdem : Quia dum esset [3] prefatus Petrus in t[er]ra que vocatur Castella in loco nominato Palencia, jacens in domo Bernardi Sanse (sic) militis, graui detentus egritudine, aduch habens plenum sensum et loquelam ac memoriam integram, tunch nobis cernentibus et audientibus roganit et precepit nobis scilicet tantu[m]modo et jussit alligari [4], ut si moreretur de ipsa egretudine qua detinebatur, priusquam aliter destinasset voluntatem suam, sicut et fecit, potestatem haberent canonici cathedralis ecclesie Sancte Marie Urgellensis accipere ad inperpetuum alodium ipsius canonice, ipsam suam ecclesiam de Aqua tepida cum omnibus declmis et primitiis et alaudiis et oblationibus fidelium eorum, et domos ac predia, ad ecclesiam Sancti Felicis prefatam et Sancti Ermengaudi pertinentia, et

---

[1] Cornellà de Conflent. — [2] Mns *Laurentio*. Il faut lire *Petro*, comme on le voit aux signatures. — [3] Mns *essent*. — [4] *Allegare ?*

semper ea omnia retinere ad dominicaturam predicte canonice. Et
alium suum alodium de Aqua tepida dimisit matri sue, eo tenore ut
dum viveret mater eius Guilla nomine eum teneat et possideat, et per
.I. quemque annum donet libram unam cere eidem canonice per
censum jamdicti alaudii, [et ad] tempus suum discessum libere
revertetur ad predictam canonicam perenniter possidendum sicut
dominicum suum alodium . Et Sancti Michaelis senobio Choxaniensi
dimisit ipsam suam partem de alodio de Edors[1] p9 discessum matris
sue, et inde[2] daret ad Sanctum Michaelem libram unam cere . Et
suam partem de alodio de Timoneda dimisit s.anime[3] que ibi est,
p9 discessum matris sue . Et alium suum alodium de Lupiano dimisit
ad Beatricem sororem suam. Et omne alium suum.alodium reliquit
matri sue et sororibus, totum quod habebat vel habere debebat in
omnibus aliis locis . Et suum cauallum cum sua cella et freno et scuto
et lancea jussit remanere ad Bernardum Egedmari . Et suum mulum
nigrum ad Arnallum Ermengaudi . et suum palafredum reliquit ad
Berengarium Sanle cum suo freno et cella . et suum mantum ma[r]tri-
num reliquit ad clericos Sancti Antonini . et de ipso auere quod ei
debebat senior suus Berengarius jussit soluere suum monumentum .
et jussit dare unum equm ad Petrum Guitardi . et matrem suam
demisit in bajolia dñi Guillelmi comitis senioris suis Cerdaniensis .
Et hec fuit sua extrema voluntas . Et nos prefati testes, qui hic qui
supradictum est vidimus et audiuimus et rogati a prefato conditore
exti[ti]mus, infra sex mensium spatium hoc quod [in]junctum habui-
mus nostro (sic) coram judice juracione confirmamus . et a cunctis ut
crederetur sine dubio eiusdem juramenti conditione tam nostra quam et
testium manu corroboramus. Sig+num Berengarii Sanle . Sig+num
Arnalli Ermengaudi . nos huius rei testes sumus et quod supra dictum
est verum esse auctorizamus et jure jurando confirmamus. Acta[4] hac
conditione . anno dominice incarnationis p9 mille[simum]. LXX. II idus
januarii in anno XII regente rege Philipo Francie et infra sexto mense
quo prefatus Petrus ab hac luce discessit . Sig+num Adalbertus judex.
Sig+num Guillelmus [Re]mundi comes Cerdanie . Sig+num Berengarii Raimundi . Sig+num Raimundi Mironis . Sig+num Vgedmari!
Charueii (sic). Sig+num Dñi.dati (sic) . Sig+num Ermengaudi Raimundi . Sig+num Arnalli Arnalli . Sig+num Petri Gislaberti . Sig +
num Guillermi Seniofredi. Sig+num Mironis Ermemironis. Arnallus

---

[1] Dorres. — [2] Mns inderet. — [3] Ecclesie? — [4] Lisez Lata?

sacer sig+num . Raimundi Ermengaudi sacer sig+num . Seniofredi sacer sig+num.

Bernardus leuita qui hec scripsi sub die sig[+]no [die] et anno jam dictis.

Siluuinus (?) subdiaconus [1]. Arnallus sacer ipsius sedis canonicus. Sig+num Guillermo Arnalli . Sig+num Beatrice.

(Archives départementales, B 87 : — *ex libro primo dotaliarum ecclesie Urgellensis*, copie du 5 octobre 1663.)

LIII

Renonciation faite par Guillem-Arnáu de Fulhà, en faveur de l'église d'Urgell, à une donation du lieu d'Ayguatébia à lui faite par Pere-Guillem, son beau-frère.

1072

Notum sit omnibus hominibus tam presentibus quam futuris, qualiter quidam homo qui vocabatur Petrus Guillermi, priusquam mors ei advenisset, plenus sensus et loquele reliquid dño deo et alme Marie sedis Urgellensis ipsa ecclesia Sancti Felicis que sita est in villa Aque tepide, cum decimis et primitiis et oblationibus et omnibus pertinentiis que pertinent ad prefatam ecclesiam : advenerant nempe illi prefata omnia voce parentorum seu quali[cum]que alio modo . Preterea ergo reliquid prefate sedi omne alodium et omnes voces totius sui juris quod in predicta villa habebat vel habere debebat Aque tepide ulla voce . Quibus dictis, p$_9$ modicos dies discessit ab hoc seculo nunquam ab hac voluntate se dissidens. Quo defuncto, Guillermus Arnalli Follanensis scilicet asserentibus et inquisientibus petiuit [2] predicta omnia esse per [3] cum possidenda ita dicens. Dum prefatus Petrus sup[er]stis fuit prefata omnia ab eo adquisiui et hac donatione omnia dedit miq^1 . (michi?), si super eum extiterim, sicut et feci . p$_9$ mortem matri suo Guille medietatem in predictis omnibus haberem et medietas ad

---

[1] Ces deux lignes ont été ajoutées à l'acte primitif.

[2] Mns *petune*. — [3] Mns *proenue*.

prefatam sedem remaneret quod pta [1] a Comite Ceritaniensi meam
facultatem donando predicta omnia adquisiui tam quidquid ego predictus dicerem . sic[ut] Lex Gotorum vindicat prefata defuncti extrema
voluntas infra .vi. mensium spacia obiti sui jure jurando fuit roborata
ab illis quibus jussa jam dicti defuncti condam egerant et humilibus
horationibus obsecrarant . Ut autem extrema voluntas defuncti, sicut
predictum [est], fuit roborata et meam petitionem vidi ad nichilum
redacta, sub trino Dñi emnipotentis nomine, ego Guillermus Arnalli
omnibus modis dono et evacuo me de prefatis omnibus et de omnibus
vocibus quas inibi putabam habere ullo modo, in potestate alme Marie
et domini Guillermi eiusdem Episcopi clericorumque illis (sic) degen-
cium; ut ab hodierno die et tempore nec ego, nec ullus vivens per me,
nec ulla mea voce, prefata omnia nec de predictis omnibus inquietare
non audeat . Quod, si quis fecerit, adnichiletur et centum auri legitime
ponderate uncias componat, et ista donacio firmitatem optineat per
omnia secula sedi predicte et clericis eius perenniter pocessura .
Ego igitur predictus Guillermus quidquid in predictis omnibus vel
infra terminos prefate ville Aque tepide, adquisisione Comitis, vel
donatione defuncti, vel convenientia socre mee Guille, vel aliqua voce
habeo et habere debeo, omnia trado et integriter dono ad Sancte Marie
sedem et de omnibus me euacuo et [in] potestatem prefati Episcopi
et clericorum perpetim possidenda . Actum est hoc xºvº. ka. maii in
anno xii. regnante rege Philippo. Sig+num Guillermi Arnalli qui
hanc donationem scribere feci et evacuationem et testes firmare rogaui:
tamen a prefato Episcopo sumpsi pro hac euacuatione .xl. uncias auri
purissimi Barchinone (?). Sig+num Raimundi Mironis . Sig+num
Arnalli Bernanli (Bernardi) . Sig+num Orset . Sig+num Raimundi
Guillermi . Sig+num Berengarii Malchanet (sic) . Sig+num Petri
Bernardi . Sig+num Poncii Raimundi . Sig+num Gedmarii Charucii.

Bernardus leuita qui hanc donationis uel evacuationis scriptura
exaravi sub + signo die et anno jam meminitis.

(Archives départementales, B 87 : — ex libro primo dotaliarum ecclesie
Urgellensis, copie du 5 octobre 1663).

---

[1] *Predicta?* Outre les fautes ordinaires de lecture, il y a sans doute ici quelques
omissions de mots ou interversions de phrase, qui rendent tout ce passage à peu
près inintelligible jusqu'au mot *obsecrarant*. Nous devons nous borner à repro-
duire exactement la copie manuscrite.

LIV
Donation de droits sur Ayguatébia, faite à l'église d'Urgell par Guisla.

1072

Jussio legis annuit ut donatio sive aliqua venditio per scriptur consignationem factam plenam habeat perfectamque firmitatem . Idcirco in Dei plasmatoris universe creature nomine, ego Guilla femina donator sum domino deo et eiusdem genitricis B^mo Marie sedis Urgellensis. Per [1] hanc scripturam donationis dono eis et canonice eiusdem sedis ipsam parrochiam Sanctorum Felicis et Ermengaudi que sita est in villa Aquetepide, et omne alodium quod ibi habeo vel habere debeo ullomodo . Prefatam ecclesiam eis dono cum *decimis et primiciis et oblationibus et alodiis et omnibus ad se pertinentibus* . Aduenerunt mihi prefata omnia voce parentorum, et decimo juri mihi legi pro luctuosis seu donatione seu derelictione mariti mei, vel alio quolibet modo vel voce, et super ecclesiam predictam et alaudios et omnibus sibi pertinentiis, alaudia culta vel inculta, prata [2] et pascua, et varia arborum genera, planicia et montuosa, domus cum solis et superpositis, orrea et columbaria et multa alia edificia apr (*sic*) diruta et tam edificata innumera et cum multis arborum generibus nemora . Que omnia sunt [3] in suburbio Elenense in valle Confluente infra fines vel terminos prefate ville Aque tepide et subjungunt pleniter [4] omnia a parte orientis in parochiis ville Aureliani et Cirilani, et a meridiana parte in parochiis Maduncularum et Saltonis, et occiduo in villa Gauratonis, a parte aureana in villa Bardolii . Quantum hii termini ambiunt et circumeunt est (*sic*) dominio jure ullo modo vel voce spontanea et gaudens concedo et integriter, et predicta omnia potestati dni nostri et ciusdem genitricis et canonice prefate sedis dono perenniter omnia ad possidendum, cum ingressibus et regressibus et omnia usui humano ad possidendum apta, sine malitia vel ullius hominis viventis inquietudine . Quod si quis huius scripture auctoritatem disrumpere ac inquietare voluerit, annichiletur, et ducentas auri purissimi uncias persolvat pro satisfactione predicte sedi et canonice jamdicte, et hec scriptura firmitatem optineat per omnia secula, que est facta .x. ka mali anno xii. regente

---

[1] Mns *vel.* — [2] Mns *predicta.* — [3] Mns *scilicet.* — [4] Lisez *predicta?*

rege Philipo Francigena. Sig+num Guille qui huius donationis
scripturam scribere feci et testes firmare rogaui et propriis manibus
signo solito puncti roboraui. Sig+num Orsent. Sig+num Raimundi
Mironis. Sig+num Guillermi Seniofredi. Sig+num Arnalli Bernardi.
Sig+num B.tra Souarii (*sic*). Sig+num Tedmari Carucii.

Bernardus leuita [1] qui huius scripture auctoritatem scripsi sub+die
et anno superius exaratis.

(Archives départementales, B 87 : — *ex libro primo dotaliarum ecclesie
Urgellensis*, copie du 5 octobre 1663.)

LV

Vente d'une vigne située à Finestret.

1073

In nomine dñi ego Berard Duran . et uxor sua Adalez uinditores
sumus a Petro Mironis . et uxor sua Guilla emtores . Per hanc scriptura uindicionis nostre uindimus uobis pecia .I. de uinea que nobis
aduenit per parentorum uel per quales [2] que uoce et est ipsa uinea
in suburbio Helense [3] in ualle Confluente in uilla que uocant Fenes-
tred uel infra suos terminos . ipsa uinea qui est ad ipsas [   ] [4].
de .I. parte afrontat in uinea de Remon Osten . de alia in uinea de
feu . de .III. de Oliba Ermemir . de .IIII. in uia qui discurrit ad ipsa
Garriga . Qualiter istas afrontaciones includunt sic uindimus uobis
ipsa uinea cum ipsas plantaciones cum exiis et regressiis arum [5] hab [6]
integrum . in propter precium placibilem solidos .VIII°. et medio in
rem ualentem et est manifestum . si quis contra hanc ista cart [7] uindicionis uenerit ad inrumpendum aut ullusque homo inquietare uoluerit
in duplo uobis componere facias et in antea ista carta uindicionis firma
et stabilis permaneat omnique tempore et non sit disrrupta [8] . Facta
carta uindcionis [9] VI. idus . madii anno .XIII. regnante Filipus rex .
S+ignum . Berard . S+ignum . Adalez . qui ista carta fecit scribere
et testes firmare rrogauit [10]. S+ignum Senfre Oliba . S+ignum Erme
mir moltannone.

RAIMUNDus Sacer qui ista carta scripsit et sub die + et anno
quod supra.

(Archives départementales : — original, parchemin du prieuré
de Cornellà de Conflent.)

[1] Mns *Littera*. — [2] [3] [5] [6] [7] [8] [9] et [10] (*sic*).
[4] Il y a ici un mot douteux qui peut être lu *ad ipsas Clges* ou *ad ipsas Ages*.

LVI
Projet de convention entre Pons, comte d'Empories et Guilabert, comte de Roussillon [1].

Vers 1074?

Haec est notitia de ipsa conuenientia quod Pontius comes filius q[i] fuit Gila comitissa conuenit et iurat ad Gilabertum comitem filius q[i] est Adalaizis comitissa.

Conuenit ei et iurat ut non tollat illi ipsam medietatem de ipsum episcopatum sedis Elenensis neq. de ipsa omnia uel de ipsis omnibus que ad ipsum episcopatum pertinent et pertinere debent.

Et iterum conuenit ei ut non tollat ei de ipsum castrum de Salses. ipsam suam medietatem . neq. de ipsa omnia que ad honorem de predictum castrum pertinent . siue ad suum mandamentum siue ad suum imperamentum. Et iterum conuenit ei predictus Pontius ad predictum Gilabertum per quantas que uices requisierit predictus Gilabertus supra scriptum castrum . potestatiuum cum faciat iam dictus Pontius de prescriptum castrum sine suo engan de Gilaberto prescripto. Et si est omo aut homines femina uel feminas q[i] tollant potestatem ad predictum Pontium siue Gilabertum prescriptum de predictum castrum . tantum adiunet predictum Pontium ad predictum Gilabertum de ipsos homines aut feminas qui illis tollant potestatem de predicto castro. usque q[o] fiat potestatiuus prescriptus Gilabertus de prescriptum castrum Salsanis sine suo engan.

Et simili modo conuenit ei predictum Pontium ad predictum Gilabertum de ipsum castrum de Uultraria[2] cum suis omnibus pertinentiis. Et simili modo conuenit ei predictum Pontium ad predictum Gilabertum de ipsum castrum S[i] Xpofori [3] . cum suis omnibus pertinentiis.

[1] On peut présumer que ce projet de convention fut fait à l'avènement du comte Guilabert, dont le père, Gauzfred, et la mère, Azalaïs, vivaient encore en 1069 et qui n'est connu lui-même, comme comte de Roussillon, qu'à partir de 1075. D'autre part, Pons, comte d'Empories, fils de Guisla, veuve du comte Hugues, est cité en 1070 et 1074. Son fils et successeur, Hugues, est cité dès 1075 (*Recueil de Fossa*), en 1079, etc. Il faut donc mettre entre les années 1070 et 1075, ce projet de convention qui fut, d'ailleurs, presque entièrement renouvelé et juré par les comtes Hugues et Guilabert en 1085 (*Marca*, 297). Il y a dans ce document des articles barrés et des passages ajoutés.

[2] Château d'Ultrèra. — [3] Château au-dessus de Montesquiu.

Et simili modo conuenit ei predictum Pontium ad Gilabertum ut non tollat ei ipsam medietatem de uice comitatu de Russilionense. neque de ipsam honorem que ad ipsum uice comitatu (*sic*) pertinet a iure [1] debet pertinere.

Et iterum conuenit ei predictum Pontium ad predictum Gilabertum ut per quantas que uices podstad men daras de ipsum castrum de Rechesen nol te tolre nol te desrochare nol te desuedare.

Et iterum conuenit ei predictum Pontium ad predictum Gilabertum simili modo de [pre [2]]dictum castrum de Rochaberti sic*ut* et de Salsanis. Et simili modo de ipsum castrum de Charmantione. Et simili modo de ipsum castr[um] de Chaniano. Et simili modo de ipsam ciultatem Impurias. Et simili modo de ipsum [3] de Rochamora.

Et [4] iterum conuenit predictum Pontium ad predictum Gilabertum ut adiutor illi fiat a tenere et abere ipsum castrum [5] de Fonollarias cum omnibus pertinentiis suis. Et sicut homo aut homines femina uel feminas q̄ tollant predictum [6] Fonollarias siue de predicta omnia que ad ipsum chastrum Fonollarias pertinet . adiutor fiat predictum Pontium ad predictum Gilabertum a tenere et habere . postquam ille commonuerit eum sine suo engan.

Et iterum conuenit ei predictus Pontius ad predictum Gilabertum ut non tollat ei ipsam medietatem de abatiam Sci Petri cenobii Rodis . neque de omnibus pertinentiis [7] de predictam abatiam. Et iterum conuenit ei predictum Pontium ad predictum Gilabertum ut non tollat ei abatiam Sci Andree. Et iterum conuenit ei predictum Pontium ad predictum Gilabertum ut non tollat ei abatiam Sci Genesii . neque de omnibus sibi pertinentiis. Et iterum conuenit ei predictus Pontius ad predictum Gilabertum ut non tollat ei abatiam Sci Stephani [8] . neque de omnibus sibi pertinentiis . neque de omnibus que pertinent ad prescriptas abatias. Neque supra scripta omnia neque aliquid de supra scripta omnia.

Et iterum conuenit ei predictum Pontium ad predictum Gilabertum ut non tollat ei supra scripta omnia neque de supra scripta omnia. Et sicut omo aut homines femina uel feminas qui tollant ad prescriptum Gilabertum supra scripta omnia aut de supra scripta omnia .

---

[1] *A* iure *debet* en interligne, à la place de *neque* barré. — [2] Déchirure du parchemin. — [3] Après *ipsum*, le mot *chastrum* barré. — [4] Tout cet article souligné a été barré. — [5] Après ce mot, *Jongarem* (?) en interligne et barré. — [6] Après ce mot, *chastrum* gratté et, au-dessus, en interligne, *Jongarium* (?) barré. — [7] *Suis* barré. — [8] Saint-Estève del Monestir.

ego predictus Pontius adiutor ero a te Gilabertum supra scriptum supra scripta omnia tenere et abere sine tuo engan . sine fraude et nullo malo inienio . et absque ulla deceptione.

Et iterum conuenit ei predictus Pontius ad predictum Gilabertum que (sic) non mantineat illi hominem neque homines feminam uel feminas que ad predictum Gilabertum fatiant querram. Et si predictus Gilabertus per se ipsum iustitiam potuerit adquirere de predictos homines . fatiat et adquirat. Si autem non potuerit per se ipsum iustitiam adquirere . fatiat ei directum predictus de predictos homines infra quadraginta dies. Et si directum ei non fecerint infra quadraginta dies . predictum Pontium tantum adiuuet ad predictum Gilabertum de ipsos homines usque q° directum ei fatiant sine suo engan.

Et simili modo conuenit ei predictum Pontium ad predictum Gila bertum ut ille ne (sic) commoueat ei querram ad predictum Gilabertum . neque ille neque homo neque feminam neque feminas . per consilium Pontium prescripti aut per suum inienium.

Et simili modo iurat et conuenit predictus Pontius ad supra dictum Gilabertum comitem ut de ipsis castris quod Pontius Gitardus et Arnallus Guilielmi habent condirectos infra honorem de castro Salsanis . et infra terminos Sci Stephani parrocchiæ ipsius . ut per quantas que ulces ego Pontius prescriptus potestatem habuero uel habere potuero . si ipse Gilabertus prescriptus mihi potestatem requisierit de ipsis castris ego potestatem ei dabo sine suo engan. Quod si fuerit aliquis homo uel femina que tollant ei potestatem de supra dictis castris . adiutor ero ei sine suo engan.

Haec est pignora q°d Pontius comes supra scriptus mittit ad Gilabertum comitem. In tali modo hac ratione [1] mittit predictus Pontius pignora mediatatem abatiam Sci Petri cenobii [2] Rodis cum omnibus pertinentiis de predictam abatiam . ad predictum Gilabertum. Haec omnia supra scripta mittit Pontius in pignora ad predictum Gilabertum in tali conventu hac ratione quod ipsos sacramentos et ipsas conuenientias quod Pontius predictus iurat et conuenit ad predictum Gilabertum [fideliter mente teneat]. Et iterum mittit in pignora Pontium comitem prescriptum ad predictum Gilabertum ipsam domonicaturam de Alamans . cum omni pertinontia sua et cum ipsa ecclesia que ibi est. Haec omnia supra scripta mittit Pontius in pignora ad predictum Gilabertum in tali conventu hac ratione quod ipsos sacramentos et ipsas conuenientias quod Pontius predictus iurat et conuenit ad predictum Gilabertum fideliter mente teneat. Et si in aliquid transgressus fuerit. emendet ipsam forfeturam et ipsum malum quod fecerit ad predictum Gilabertum . infra quadraginta dies quod Gilabertus comes commonuerit prescriptum Pontium emendet ipsum malum ad iudicium de duos homines . unum quod Pontius comes ibi mittat . et alium quod Gilabertus ibi mittat. Et ipsi iudicent inter ipsos ipsum iudicium . per directum. Et si Pontius prescriptus se extraxerit ut non faciat illi directum ad predictum Gilabertum sicut hic scriptum est . in per scripta pignora . incurrant supra scriptas pignoras in potestatem Gilaberti comiti ad fatiendum quodcumque uoluerit. Et ita fiat factum et atensum sicut supra scriptum est . exceptus quantum Gilabertus comes supra scriptus absoluerit prenominatum Pontium suo gradienti animo sine fortia. Et si incurrerint predictas pignoras quod Pontius mittit ad Gilabertum comitem . absolute fiant ipsas pignoras quod Gilabertus misit ad Pontium comitem per scriptum.

Et iterum conuenit predictus Pontius ad predictum Gilabertum quod ipsos placitos quod Pontius placitauerit . de ipsum auere quod ille abuerit . de ipsos placitos . si Gilabertus ibi non fuerit . non abet partem Gilabertus de ipso auere. Exceptus de baudia . et de batalia . q°d diuidant per medium.

(Archives départementales, B 4 ; — original, ancien parchemin du Domaine, n° 74 ; — au dos, ancienne écriture : *Salses e sant Nilau e Munt esquiu.)*

LVII

Serment au sujet du château de Salses, prêté par Pierre Oliver à Guilabert, comte de Roussillon.

Vers 1075?

Ego Petrus Oliuarii . filius q¹ fui Ricsendis . de ista ora in antea . fidelis ero tibi Gilaberto comite . filius q¹ fuisti Adaladis comitissa. Sine fraude et ullo malo ingenio . et sine ulla deceptione . per directam fidem sine engán . sicut homo debet esse suo seniori cui manibus se commendat. et de ista ora inantea ego predictus Petrus no dedebrei te prefatum Gilabert . de tua uita . neque de tuis membris q¹ in corpus tuum se tenent . neque de tuis honoribus quem hodie habes uel per qualicumque modo in antea adq'sieris . neque de tuos castellos. Sed adiutor ero tibi retinere omnem tuum honorem per directam fidem sine engan . contra cunctos homines uel feminas . qᵢ tibi auferre uoluerit uel uoluerint . et de tuo adiutorio noᵐ desuedarei . ne no ten engannarei . ne acomonic no men ¹ uedarei . per quantas uegadas lom manaras o men comoniras . per te ipsum aud per tuos missos uel missum . et de ipso castello qᵢ est in uilla Salses potestad no ten uedarei . ne estadga per quantas uegadas men demanaras per te ne per tuos messages . ne per tuo message . Sicut superius est scriptum si to farei per directa fide sine engan to atendrei.

(Archives départementales, B 4 : — original, ancien parchemin du Domaine n° 323, et copie de 1298 (ibid.) anc. parch. du Dom. n° 558. — Nous avons publié ce document dans la Revue des Langues romanes, 1872, p. 285.)

LVIII
Concession d'un manse sis à Mirles près de Marinyans en Conflent, par l'abbé de Canigò.

1075

�֍ SANCTVS MARTINVS

In nomine dñi ego Petrus gratia dei abba cum cuncta congregatione Sci Martini cenobii Kanigonensis : tibi Reimundo Gauzfredi . per hanc scripturam donacionis facimus ista convenientia id est de ipso manso quod abemus in uilla Marinias . uel in locum quem uocant Mirles . quod fuit de Senefredo Adaolfo. Donamus namque supra nominatum mansum cum ipsas terras et uineas ad ipsum pertinentes . ut bene labores . et construas hec ² omnia . et per unum quemque annum dones de ipsas uineas iiiᵃ. partem . et de terras ipsa tascha. Donamus namque propter hoc ut de proprio tuo alode dones Sco M. de uineas tuas unde exeant .vii. somatas sine ullo engan . et si habueris filium masculum de legitimo coniugio . teneat similiter sicut et tu . ita ut de supra nomdatas uineas quas tu donas . donet quarto p9 obitum tuum . et tu per unum quemque annum facias istam recognitionem . Id est ut dones receptum a doño abbate . cum uno monacho . et duos canallarios et dones cinata qrl ³ .i. corr. inter orde . et auena. Et ego Reimundus propter ista convenientia dono Sco M. mulo .i. valente unc. iii. Insuper ad obitum meum . dono corpus meum Sco M. cum

---

¹ L'original porte nom avec un trait sur la lettre m, la copie no men.
² e cédillé. — ³ Quartale.

ipsa mea parte de mobile meo . et est manifestum. Facta ista conuenientia .vIIII. ka. marc. anno x°v° reg. Philipo rege.

Guifredus monachus uel pbr . qui hec conuenientia scribsit et sub
+ die et anno q° supra.

(Arch. départ. : — original, parchemin de Canigó ; — charte partie.)

LIX
Vente d'une terre sise à Alp en Cerdagne.

1077

In nomine dñi ego Isarn Guifredus et uxori sue Ermengarz . uinditores sumus uobis Bonefilio Oliba . cum uxori sue Guila . emtore.
Per hanc scriptura uindicionis nostre . uindimus uobis . peciola .I. de
terra . qui non [1] est de feu . qui nobis aduenit de parentorum uel
per quali que uoce . in comitatu Ceritania . in apendicii de Alb . in
locum que uocant ad Onega . et affronta . de .I. part . in terra de Poncio
Arnal . de alia . in terra de Bernard Agela . de .III. in terra de filis (sic)
de Radolf qui est condam . de .IIII. in terra Sci Joani* (sic) . quantum
inter istas affrontaciones includunt sic uindimus uobis ipsa terra . ab
integrum . in precio . argencios .U. in rem ualentem . et est manifestum .
si quis contra hanc ista carta uindicionis uenerit ad inrupendum aut
ullus que omo . qui inquietare uoluerit . in duplo uobis componere
faciat . et non sint disrupta. Facta ista carta uindicionis .XVII. kalendas. Mai. anno .X.VII. regnante Fipho (sic) regis . in Francia. S+num
Isarn . S+num Ermengarz . qui ista carta uindicionis mandauimus
scribere . et ad testes firmare rogauimus . S+num Guifre Poc .
S+num Onofre Bradela . S+num Guillem Ramon.

Min pbr qui ista carta uindicionis scripsit . et sub + die et anno
quo supra . et ipsa terra . ad annum qui uenit ab esplet . ad ipso feu.
fecit adiutorium . Bonefilio . de seruicii . tercia parte de .[mi]l.

(Archives départementales: — parchemin contenant en tête l'acte n° LX ;
— prieuré de Cornellà de Conflent.)

LX
Vente d'une terre sise à Alp.

1078

In nomine dñi . ego Sesnana . Ollegoda . et filio meo . Wifredus
cum uxori sue Duranna [uindito]res sumus uobis . Bofil Oliba . cum

---

[1] Mns *ho* avec un trait sur l'*o*. L'*h* est sans doute mis par erreur pour *n*.

uxori sue Guila . emptore . Per hanc scriptura uindicionis nostre .
uindimus uobis . pecia .i. de terra . qui mihi aduenit de parentorum
uel per quali que uoce . in chomitatu Cerritania . in apendicii de Alb .
in locum que uocant a Perafita . et afronta ipsa terra . de .ii. partes .
in terra de Arsen . uices comitesa . de tercia . de Bernard Agela . de
qrata (quarta) . in terra . de Ermengarz . quantum inter istas affrontaciones includunt sic uindimus uobis . ipsa terra . ab integrum . in
precio solido .i. et argencios .ii. in rem ualentem . et est manifestum .
Si quis contra hañc (sic) ista carta . uindicionis uenerit ad inrumpendum . aut ullus que homo qui inquietare uoluerit . in duplo uobis
componere faciat . et in antea ista carta uindicionis . firma permaneat
omnique tempore . et non sint (sic) disrupta . Facta ista carta uindicionis .xvii kalendas Maii . anno .x.viii. regnante Philipi regis in
Francia . S+num . Sesnana . S+num . Guifred . S+num . Durana .
qui ista carta uindicionis mandauimus scribere . et ad testes firmare
rogauimus . S+num Guifre Poc . S+num Onofre Bradela . S+num
Isarn Guifre .

MIR pbr qui ista carta uindicionis scripsit et sub + die et anno
q° supra.

(Archives départementales : — parchemin contenant à la suite l'acte
du n° LIX ; — prieuré de Cornellà de Conflent.)

LXI

**Serment féodal prêté à Guillaume, comte de Cerdagne, par Ramon-
Bernard, vicomte de Cerdagne et de Conflent, pour les châteaux
de Sant-Marti (dels Castells), Miralles, Queralt et Joch [1].**

Vers 1078?

Iuro ego Raimundus Bernardi filius qui fui Guisle femine . fidelis
ero ad te Guillemum comitem seniorem meum, filius qui es Adale,
comitisse, et sine fraude et ullo malo engenio et sine ulla deceptione
et sine engan per directam fidem. Et de ista hora in antea, no dezebre
te, prephatum comitem, de tua uita, neque de tuis membris que in
corporo tuo se tenent, neque de tuis castris aut castellis, terra et honore,
rochis uel puis condirectis uel heremis, comitatu uel comitatibus, alo-

---

[1] Ce serment fut sans doute prêté par Ramon-Bernard lorsqu'il succéda à son
père Bernard, vicomte de Cerdagne et de Conflent. Le vicomte Bernard, n'est plus
cité après 1073; le vicomte Ramon est cité en 1070, et on trouve en 1078, en
Cerdagne, une vicomtesse Arsen, qui était peut-être son épouse.

diis uel feuis omnibus, uel de aliquo quod hodie habes uel habere
debes et in antea adquisieris. Et nominatim iterum iuro tibi ipsos
castellos, scilicet Sancti Martini [1] castrum, et castellum de Miralies,
et castellum de Cheralt, et de Joch, et omnes fortitudines que in eo
uel in eis modo sunt aut in antea erunt, no to tolre, ne ten tolre, ne
ten engannare, ne ten dezebre, ni (ne?) lo vedare, ne to contendre,
ni (ne?) ten contendre, ne consenciens ad faciendum hoc no sere per
ullum ingenium. Et si homo est aut homines femina uel femine qui
tibi tollat uel tollant vetet uel vetent predicta omnia aut aliquid de
predictis omnibus, ego prefatus Raimundus de illa hora et deinceps
finem nec societatem non aure ni (ne?) tenre cum illo, uel cum illis,
cum illa uel illabus, ad ullum illorum bonum uel tuum dampnum,
donec tu recuperatum habeas hoc totum quod perdideris de jamdictis
omnibus sine tuo engan.

Et adiutor te sere a tener et ad auer et a defendre (?) predicta omnia
contra omnes homines uel feminas, sine tuo engan, tecum et sine te.
Et tuis inimicis quos sciero guerram fare potentialiter tecum et sine
te, dum tecum male stabunt; et ita ero sine tuo engan eorum inimicus
dum tecum male stabunt, sicut tu ipse.

Et de ipso adiutorio not engannare, ne comonir no men vedare per
ullum ingenium, per quantas vegadas men recherras o men comonras
per te ipsum uel per tuos missos uel missum. Et per quantas vegadas
men recherras per te ipsum uel per tuos missos uel missum, not
vedare predictos castellos uel aliquid de fortitudinibus que in eo uel
in eis modo sunt aut in antea erunt, neque ab forsfactura, neque sine
forsfactura . te sine tuo engan poderos ne fare de omnibus, sicut prescriptum est, et omnes tuos quos volueris et jusseris.

Sine te et tecum societatem non aure ne tenre cum tuis inimicis
aut inimico, inimica uel inimicas, infidelibus uel infidele, ad tuum
ullum dampnum, me sciente.

Justiciam neque directum not vedare net contendre, de me ipso
neque de ullis meis.

Seniorem nec seniores no fare ni (ne?) tenre ne affidare . et si factum cum hab[u]ero, nol tenre sine tuo salvamento et de quanto men
absolueras.

In predictis castellis ullis castellanum nec castellanes, castellanam

[1] Les châteaux do Sant-Marti dels Castells, Miralles et Queralt étaient situés
en Cerdagne, celui de Joch en Conflent.

nec castellanas, deinceps no metre ni (ne?) establire [1], nisi nominatim ipsos quos tu in eis elegeris et laudaueris et uolueris. qui similiter eos tibi jurent et (ut?) ego et eodem modo, et potestatem de eis non queram sine te.

Tuum consilium aut consilia non descubrire ad ullum tuum dampnum me sciente.

Sicut superius scriptum est de te prefato Guillemo, si o tenre et o atendre, post te, ad filium tuum uel filiam siue ad ipsum uel ipsam cui uel quibus debitaueris tuum honorem Cerdanie uel dimiseris uerbo uel scriptis, sine tuo uel eorum engan, sicut melius dici uel cogitari de te et facere et attendere potest . et hoc faciam infra primos triginta dies quibus mortuus fueris et ego sciero, sine mala contencione et sine ullo lucro; manibus per suam manum apendre predicta omnia, et tale sacramentum len jurare qualem hodie juro ad te, super altare sacratum et reliquias sanctorum que in ibi habebuntur.

Et propter hoc quod superius scriptum est mitto in pignora ego prefatus Raimundus ad te prephatum comitem et predictos, omnem feuum et honorem et alodiũm quod habeo uel habere debeo in totam terram tuam uel infra eius terminos, ut sicut scriptum est totum tibi teneam et attendam. Quod si non fecero et ita non attendero sicut scriptum est, incurrat prescriptum in tua uel, post te, in predictorum potestate, ad faciendum quod volueris, et deinceps cuicumque dones predicta omnia, neque ego hoc possim querelare nec ullus per me.

Sicut superius scriptum est, si to tenre et to atendre totum sine tuo engan, et post te ad predictos, exceptus quantum uel de quanto tu men absoluras tuo uel eorum gradiente animo, sine ulla forcia, per deum et hec sancta sanctorum, et adhuc ut melius dici et cogitari potest ad tuum bene uel, post te, omnium tuorum.

(Arch. départ., B 3; copie de 1416 sur parchemin : — nous avons publié ce document dans la *Revue des langues romanes*, 1872, p. 279.)

LXII
Concession féodale de l'église de St-Cyprien d'Aqualonga en Catalogne, faite par Ramon-Guillem de Montcada.
1080

Hec est convencio que est facta inter Reimundum Guillemi Montis Catheni et Petrum Mironis de Castro Bagnaries . donat namque prefatus Raimundus jamdicto Petro ipsam ecclesiam Sci Cipriani de

[1] Sins *estalblire.*

Aqua longa cum hoc quod ad ipsam ecclesiam pertinet per feuum, tali videlicet tenore ut prescriptus Petrus faciat hostes et caualcades de duobus militibus per prefatum feuum prelibato Reimundo, et prefatus Reimundus donet et acomodet ei asinos et iamdictas hostes. Conuenit ei prefatus Petrus ut faciat hostes et caualcades de duobus militibus cum illo (*sic*) conduccione . conuenit illi sepedictus Petrus ut adjutor ei fiat tenere et deffendere prefatam ecclesiam et ipsum honorem quem ad ipsam ecclesiam pertinet de omnibus hominibus per fidem sine engan . iterum conuenit prememoratus Petrus prescripto Reimundo ut adjutor et deffensor ei fiat de aliis suis honoribus quos hodie habet et in antea cum suo consilio adquisieri. tenere et deffendere contra cunctos homines, exceptus de suis melioribus senioribus . et si abuerit gueram (*sic*) prefatus Reimundus cum jamdictis senioribus, abeat ei prelocutus Petrus quatuor milites qui illi adjuuent sine engan. Facta ista conuencio .II. kalendas septembr. anno xx. regni regis Filipi. Sig+num Petrus Mironis qui hanc conuenienciam fecit, firmavit et testes firmare rogauit . Sig+num Guilem Bernard . Sig+num Pons Balluiñ . Sig+num Ramon Mir . Sig+num Pere Mir . Gillelm :: Sig+num Mironis judicis.

Petrus sacer qui ista conueniencia rogatus scripsit + sub die et anno quod supra.

(Archives départementales, B 93 ; — copie de 1307, ancien parchemin du Domaine, nᵉ 278.)

LXIII
Fondation du prieuré de Serrabona [1].

1081

Hoc est exemplum bene et fideliter Celsonæ sumptum a quodam donationis instrumento non viciato nec cancellato nec in aliqua sui parte suspecto, sed omni prorsus vitio carente, in archivo admodum illustris Capituli cathedralis ecclesiæ Selsonæ bene recondito et custodito, cujus tenor talis est.

Laudabilis amodo ac venerabiliter venerabilis Jesu Xpi dei et domini nostri potentia, qui solus habet inmortalitatem et lucem habitat inaccessibilem, a quo cuncta que fuerunt procedunt bona . hujus ergo in-

---

[1] « Le chapitre de N.-D. de Serrabona, dit P. Puiggari (*Catalogue biographique des Évêques d'Elne*, p. 32), avait été fondé par Guillaume II, comte de Besalu, mort en 1070 (*Rubrique des Actes du Domaine royal de Perpignan.*) »

La *Rubrique* alléguée ici est ainsi conçue : *Donacio feta per lo comte Guillem al prior de Serrabona del lloch de Terradelles.* On ne connaît aucun lieu du nom

stinctu atque dispositione actum est quandam olim fieri eccl[esi]am in
Valle Aspi[ri]ensi territorio diocesis Emeritensis virginis et martiris
Eulaliae sedis Elnensis, loco Serrabona vocato, a personis nobilibus
quibus predia succedebant jure hereditario . conditores ergo et fabri-
catores prelibatae ecclesiae hi sunt quorum nomina suptus videntur
collecta, Raimundus vicecomes [1] et Bernardus frater ejus, et Bernardi [[2]]. Precedente de hinc plurimorum annorum curriculo,
prefatorum magnatum Xpus illustravit corda, et coeperunt anclare
qualiter praelibatam ecclesiam ad Xpi ordinarent servitia . ordinatores
ergo hujus rei sunt Raimundus Bernardi vicecomes, et Bernardus
frater ejus, et Bernardus Raimundi, ac Raimundus Matfredi [3] : isti
denique, cum ordinatione et consilio episcopi Raimundi Elenensis
sedis, una cum consilio plurimorum bonorum hominum, elegerunt
ut ibi miterent congregationem clericorum canonice viventium deoque
famulantium, sicuti factum est . tunc venerabilis Raimundus Bernardi,
et Bernardus Raimundi et [Raimundus Matfredi] dederunt deo et
sanctae Mariae omnia que ibi habebant, scilicet ipsos usaticos et decimas et primitias cum oblationibus fidelium, et triginta dextros terrae
ex omni parte, et totam aliam decimam de ipso alode quem habent in
Valle Asp[or]i, tali modo ut, et hoc quod datum est, et quod daturum
est a nobis vel ab aliis, habeant et possideant clerici illic canonice
viventes. Hoc factum, ceperunt quaerere clericos; quibus inventis,
adfuit episcopus jam dictus consilio predictorum vocatus; et in capi-
tulo cum clericis et cum episcopo convenientes, prenominatus episcopus voluit eligere Priorem qui preesset clericis secundum Beati
Augustini regulam . cui episcopo prenominati nobiles repugnantes
pluribus verbis et contradicentes, contestati sunt peti (pari?) consilio
se prius destituere omnia que acta fuerant vel agenda, quam obtem-
perarent in hoc ipsius voluntati, ut ipse eligeret priorem. Denique
dom[in]us episcopus, sentiens in eorum cordibus inesse tantam

de Terradelles parmi les possessions de Serrabona et rien ne prouve que le comte
Guillem n'était pas un comte de Cerdagne; mais, dans .ous les cas, l'acte fût-il
antérieur à 1081, on ne saurait y voir qu'une donation faite à l'ancienne église
de Serrabona avant l'établissement du prieuré. C'est ainsi qu'il existe, dès le XIe
siècle, des donations faites à l'ancienne église de Marcevol où un prieuré fut égale-
ment fondé après l'an 1128.

[1] *Vicomte de Cerdagne et de Conflent.*

[2] Il y a sans doute ici omission de deux noms donnés deux lignes plus bas.

[3] Raimond, fils de Matfred, seigneur de Cortsavi, de Mollet (plus tard La Bastida),
Bula d'amont et Serrabona.

furtitudinem, non malevole, sed sagaci ingenio, voluit magis patro-
cinari Dei amore ejusque genitricis virginis Mariae huic operi,
quam resistere : sicque factum est ipsius episcopi consilio, et
dispositione ac voluntate magnatum praescriptorum, quatenus a
p[rese]nte et deinceps nullus episcopus Elenensis sedis, neque
prelibati magnates, neque illorum posteritas, aut secularis persona,
habeat electionem nec aliquid quod pertineat electionem, ita quod
neque ab ipsis vel cum ipsis eligatur Prior Serrabonensis, clerici
vero et canonici ipsius ecclesiae habeant liberam electionem prout
voluerint, canonice factam secundum regulam Sancti Augustini.
Dehinc hoc ita peracto, clerici qui tunc noviter venerant, et primitus
ad hoc regulare officium elegerunt priorem Raimundum Ermengaudi
nomine, quemadmodum cernitur in presenti. Postea dedit legem
memoratus Presul, ut omnes qui omnia praetarata (praenarrata?)
dederant, nec ipsi habeant potestatem tollendi nec parum nec multum, nec ullus alius homo; et hoc posuit sub vinculo excomunica-
tionis, et fecit firmari ab omnibus clericis qui aderant . et iterum sub
vinculo excommunicationis depmsit (disposuit?) ut nunquam ulla potestas evtorquere audeat predicta omnia a dominio clericorum inhibi
deo servientium, neque ulla personna (sic) irrumpere temptare[t]
ullo modo. ut quemquam ex clericis foris ejicere urgeat, nec a foris
alium violanter intromitere. Postquam ergo nobiles et innobiles undique circumfluentes viderunt locum talibus muniri Dei omnipotentis
donis, cæperunt corpora et animas pariter tribuere sub proteccione
Salvatoris ejusque semper inviolatae Mariae genitricis. Igitur ex
multis dignum est inserere vel paucos, hi sunt: Bernardus Giberti, qui
primus venit et exemplum prebuit cæteris, ex quibus fuere sequentes
exemplum hujus Girbertus Berengarii, et Bernardus Guillermi, et
Berengarius Seniofredi, et Bernardus Matioti, et Fulco, et Gifredus
Batalia, et Geraldus Berengarii, et Petrus Poncii, et Berengarius
Guillermi, et Petrus Adalberti, et Raimundus Amelii, et Bernardus
Hermengaudii, et ceteri plures. Quod (quantum?) autem locus multociens dictus Deo sit amabilis et ab omnibus venerabilis, testantur
plurima virtute Altissimi patrata mirabilia : alii namque ab imundis
spiritibus mirificentissime liberati, alii adapertis luminibus qui prius
fuerant cessi (cæci), alii reparatis sibi exuribus (cruribus) claudi, alii
patefactis auribus surdi, et cætera quam plurima his et hujusmodi
similia. Qui de predictis omnibus donationibus et conventionibus
parum vel multum demere vel minuere voluerit aut temptaverit,

ecclesiastico jure quadrupliciter restituat, et maledictioni et excomuni[cati]oni ex omnipotentis dei ejusque genitricis virginis Mariæ et Appostolorum Petri et Pauli omniur.,que sanctorum auctoritate subjaceat, donec ad perfectam emendationem convertatur, et quidquid superius scriptum est firmum permaneat. Actum est hoc quinto nonas martii anno Xpi incarnationis millesimo octuagesimo primo, et anno vigesimo secundo regni Philipi regis nostri. Sig+num Raimundi Bernardi vicecomitis . sig+num Bernardi fratris ejus . sig+num Bernardi Raimundi . sig+num Raimundi Matfredi, qui hoc facere et firmare jusserunt. Sig✠num dñi Raimundi pontificis sedis [Elnensis] qui hoc non solum firmavit verum etiam ita esse constituit. Sig+num Bernardi Giberti . sig+num Geraldi Berengarii . sig+num Bernardi Petri . sig+num Raimundi Amæli (Amelii) . sig+num Berengarii Seniofredi . sig+num Bernardi Adalberti.

Petrus l[euita] rogatus scripsit die + et anno quo supra.

Ita delineatum approbant notarii exemplar infrascripti, Joseph Ceriola, Antonius Aguilar, Antonius Canlons apostolica atque regia auctoritat . notarii publici civitatis Celsonæ, qui hujusmodi exemplum ab ejus originali predicto fideliter sumptum et cum eo veridice probatum testificamur die 26 martii anni 1791.

(Archives départementales, prieuré de Serrabona.)

LXIV

Renonciation de droits sur l'église d'Ayguatebia, faite par Guisla en faveur de l'évêque d'Urgell, à la suite d'un plaid tenu à Talltorta en Cerdagne.

1086

Sub trino nomine . hec est scriptura noticie sicut venit dominus Bernardus Urgellensis episcopus in Cerritania intus villa que vocatur Talltorta, ante dominum Guillermum comitem et querelaui[t] se de quadam femina nomine Guilla, siue de Poncio Raimundi, atque de Peto Atoni, de ecclesia Aque Tepide quam dimisit Petrus Guillermus ad canonicam Sce Marie Urgellensis. Aduenit prefatam ecclesiam ad supranominatum Petrum per meliorationem paternam siue per alias voces . que ei injuste tulerunt. Et respondit prefata mulier atque Poncius q[uod] prefatus episcopus atque eius canonici fecerant ei convenientiam per violarium que ipse habebat in prefata ecclesia per dimissionem prefati Petri, quia tulerat ei partem de ipsa conventia. Et prefatus episcopus atque ejus canonici, recognoscentes ita esse verum, emendaverunt ei. Idcirco ego prefata Guila recognosco esse

directum prefata ecclesia Aque Tepide de predicta canonica, per
dimissionem quam fecerat Guillermus Raimundi ad prefatum Petrum
in suo testamento, siue per dimissionem quem jam dictus Petrus
fecerat ad prefatam canonicam pro suis tantumodo verbis in sua
extrema voluntale . quapropter in dñi nomine ego prefata [Gu]ila
evacuo atque diffinio fine pacifico prefatam ecclesiam Aque Tepide ad
supradictam canonicam Sce Marie in potestate prefati episcopi siue
eius canonicis, atque in potestate Petri judicis Ceritaniensis . ut jam
amplius non requiram nec ego nec ullus, sed si proprium alaudem
prefate canonice . quod si fecerim aut fecerint. nil valeam aut valeant
vindicare [et] componam aut componant, et in antea hec scriptura
noticie atque evacuationis firmitatem optineat. Hoc fuit factum in
presentia prefati comitis, atque Aianrici vicecomilis, atque Bertrandus
Bernardi, siue Raimundus Guillermi de Emiagio[1], et Guillermus
Bernardus de Prulianos, et Petrus Mironi archidiaconi, et Arnallus
Raimundi archidiaconi, et Miro Erimandi, et Isarnus Senfredi et alii
plures. Actum est hoc v idus aprili anno xx°vi°. regni Philipi regis.
Sig+num Gisla qui hanc evacuationem feci et firmaui et testes firmare rogaui . Bernardus episcopus ✠ . Petrus judex qui hec laudo
et confirmo sig+num . Arnallus canonicus sig+num.

Petrus Albiensi sacer[2] qui hanc evacuationem scripsi sub + die et
anno prefixo.

(Archives départementales, B 87 : — *ex libro prime dotaliarum ecclesie
Urgellensis*, copie du 5 octobre 1663).

LXV

**Concession de droits de pacage dans sept vallons ou quartiers situés
aux environs de Nuria, en faveur des religieux du Ripoll et de
leur bailli de Maçana (vallée de Ribes).**

1087

Notum sit omnibus hominibus tam presentibus quam futuris, quia
ego Guillemus gratia dei Cerdaniensis comes donator sum deo et
sancte Marie Riuipollensis cenobii, et Bernardo abbati et successoribus suis et monachis in eodem cenobio perpetim manentibus Per
hanc scripturam donationis mee dono eis (vobis?) predictis, pro
amorem dei et remissionem peccatorum meorum, septem valles que
sunt in Annuria propter alodium, ad pascere vestrum ovile et de vestro

[1] Lisez *Enuegio?* — [2] Mns *lanssentus*.

baiulo de Maçana et de qualiscumque vos mittere volueritis . Habent
iste septem valles affrontaciones, ab oriente in podio Turnebulis et in
collo Pegads, de meridie in Salent et in serra de Pedrices, ab occidente in Petrafita et in serra que pergit in Costa Rubia et Fonte Alba,
a parte vero circi in collo de Finestrelles et in collo de Casula, cum
exiis et egressiis earum. Et insuper dono vobis.ut maneatis in collo
de Muntarell de intrante marcio usque ad exitum mai, et de istud
terminum in antea maneatis in Coma Armada de III. dies usque ad
octo, et de III. dies usque ad octo in Valle de Mata, et maneatis in
Colomera .II. dies vel III , et ad portum de Caioles .III. septimanas,
et remeatis ad portum de Perdinis usque manere posse. In istas
super dictas .VII. valles non habeant potestatem nec licenciam
om[i]nes meos de Valle Rippis, nisi ad tallar de boscho [1]
admittere, et propter ista donatione remaneant isti om[i]nes meos
amodo, nec in perpetuum non dent leuda in mercatum de Ripoll
homines de Valle de Rippis . Sicut superius resonat dono vobis
propter me et propter successores meos, et est manifestum . Si quis
hoc infringere voluerit facere non valeat, et predicta omnia componat
in duplo jamdicte sancte Marie, et postmodum hec scriptura firma et
stabilis permaneat omni tempore. Facta scriptura donationis. VII. kls .
decembris anno .XXVIII. regni Philipi regis. Signum Guillemi ✠
comitis qui hanc scripturam donationis fieri jussi firmavi et firmare
rogavi. Girbertus gratia dei abbas Coxanensis cenobii✠. Petrus gratia
dei abbas Canigonensis ✠. Petrus judex✠. Sig✠num Deus de Sanle .
Sig✠num Guillemi Sanle. Sig✠num Gillemi Bonifilius . Sig✠num
Arnalli Gaudalli. Sig✠num Dela . Sig✠num Bonifilius Argemir .
Sig✠num Guillemi Ermengod . Sig✠num Bernardus Guillemus.

✠ Guillemus gratia dei comes . ✠ Sancia comitissa.

Berengarius gratia dei Ausonensis episcopus ✠ .

Bernardus levita qui hoc scripsi ita sub ✠ anno et die prefata.

(Archives départementales, série B : vallée de Ribes. — Publié dans
notre recueil de *Priviléges et litres*. etc., t. I, p. 31)

LXVI

Serment féodal prêté par Ramon (de Serrallonga) à Guillem (de Castellnóu), au sujet des châteaux de Pena, de Montdon (vallée de
Montalba), de Serrallonga et de Mollet (Montferrer).

Vers 1088

De ista hora inantea juro ego Raimundus filius qui fui Bellisindis

[1] Le Mns laisse ici l'espace d'un mot en blanc.

femine! a ti Guilielmo filius qui fuisti Vidiane femine . fidelis ero
tibi . sine fraude et malo ingenio . et sine ulla deceptione! sicut homo
debet esse ad suum seniorem cui manibus se comendat per direclam
fidem sine tuo engan. De ista hora inantea ego Raimundus prescriptus! iuro a ti Guilielmo prescripto . adiutor te sserei [1] de tuo
honore uel honores quas hodie habes . et inantea cum meo consilio
acaptaras . et de tuos castellos . uel de ipso castello que dicunt Castro
nouo . et ipsum castellum que dicunt Pena . et ipsum castellum de
Montdon . et ipsum de Serra longa . cum ipsas pertinen!as qui pertinent ad ipsos castellos prescriptos . no ten iolrei . nels te tolrei .
nec ego nec homo uel homines . femina uel feminas . per meum
consilium . neque per meum ingenium. Et si est homo aut homines
femina uel feminas . q¹ to tola . o ten tola! adiutor ten serei per dreta
fide sine tuo engan. Et [2] per nomen de Molet. Et ipsum castellum
de Sserralonga [3] potestatem ten darei . sine tuo engan . e nol to desuedarei . ab forsfeit . ne sine forsfeit . per quantas uices men comoniras .
per te ipsum . aut per tuum missum . uel missos . per nomen de isto
sacramento. Et de comonir nom desuedarei. Et ipsos consilios unde
tu me comoniras per nomen de isto sacramento . che ten cel . no ten
descubrirei. Et ipsum tuum fratrem . aut tuum nepotem cui tu
iachiras . aut testabis tuum uicecomitatum . ad illum dabo potestatem
de castello de Serralonga . sine suo engan . et sine lucro qᵒd ci non
queram . infra xv.ᶜⁱᵐ dies que el men comonira . per nomen de isto
sacramento.

Sicut superius scriptum est si to tenrei e to atendrei me sciento
sine tuo engan. Et ipsos adiutores supraascriptos . sine tuo engan los
te farei.

Ego [4] Raimundus Bracads . conuenio tibi Guilielmo uicecomite .
uel archidiacono . chet faca tes osts et tuas caualgadas . et ut uadam
aput te in hosts aput meum conduit . et aput meos homines . et uoci-
ferem tua signa et alberg ab ti. Et hec omnia conuenio tibi . chet [5] o
faca . et to atena . tot sine tuo engan.

(Archives départementales 72; original, ancien parchemin du
Domaine, nº 318. — , avons publié ce document dans la
Revue des langues romanes, 1873, p. 282.)

---

[1] Mns tesserei. — [2] Ces cinq mots ont été ajoutés en interligne. — [3] Mns desserra-
longa. — [4] Tout co qui suit, écrit de la même main, mais d'une écriture plus menue,
a été cousu à ce qui précède avec un filet de parchemin, et provient d'une charte-
partie. — [5] Le scribe avait d'abord écrit chedo qu'il a corrigé en chet o.

LXVII

Donation de terres sises à Marcevol en Confient et Senéja en Cerdagne, faite à l'abbaye de Canigó par Ramou à son entrée comme religieux dans ce monastère.

1088

Ego Raimund.ᵉ deuoui in corde meo ut militarem dño deo . et ideo uolo monachus fieri in cenobio Sci Martini Kanigonenssis. et dono ad ipsum cenobium omnem meum alodem proprium . qui michi aduenit per parentorum meorum uel per comparacione siue pro qualicumque uoce. Et est ipsum alodem in suburbio Elenense in ualle Confluente infra fines et terminos de uilla Marceual. Et sunt pecias duas de terra . et pecias duas de uineas . et pecia una de terra qui est ad Mischeles . adfrontat de .i. parte in terra de Pere Bernard . de alia in terra do Comte . de .iii. in terra de Ysarn Kadel . de .iiii. in terra de Bernard Marti . et alia pecia de terra qui est ad ipsas Closeles . afrontad de i. parte in uia . de alia in terra de Bremon . de iii. in terra de Pere Berard qui est condam. Et ipsa pecia de uinea qui est ad ipsos Pradels . afrontad de .i. parte in uinea Sci Mikaelis . de alia in uinea de Isarn Kadel . de iii. in uinea de Poc Mir . de iiii. in gariga. Et alia uinea qui est ad Asino mort . afrontad de .i. parte in Comma . de alia in uinea Sce Marie . de iii. in uinea de Bernard Pere . de iiii. in uia. Et in comitatu Cerritanie in uilla Exencia pecias duas de terra . una qui est trans ipsa ecclesia . et afrontad de .i. parte in terra Sci Martini . de alia in terra Sci Mikaelis . de iii. in terra de Vg Senfre. Et alia terra qui est a Losers . afrontad de .i. parte in terra Sci Iohannis . de alia in uia . de iii. in terra de [1]

Quantum inter istas afrontaciones includunt . sic dono dño deo et Sco Martino propter remedium anime mee[2] . et est manifestum . Si quis contra ista karta donacione uenerit ad inrumpendum aut ego donator aut ullus homo inquietare uoluerit non hoc ualeat uindicare . sed componat in duplo. Et in antea ista karta . firma et stabilis permaneat et non sit disrupta. Facta ista karta donationis . viiii kalendas augusti . anno xxviii. regnante Philipo rege. Sig+num Raimundᵉ. qui hanc karta donationis scribere mandaui et testibus firmare rogaui.

Sig+num Uidal . Sig+num Ponc Berdad (sic) . Sig+num Bernard Duran.

PETRVS Monachus QVI HANC KARTAM Donacionis rogatus scripsi . sub+.die et anno quo SVPRA.

[1] Une ligne en blanc dans le manuscrit. — [2] Les e cédillés.

LXVIII

Eibrin Durand et son frère Fromall vendent à Ramon Gozfred tous leurs biens de Juhègues, Torrelles, Saint-Laurent, Saint-Hippolyte, Cabestany et Bajoles, se réservant seulement leur alleu d'Orle.

1089

In nomine dñi ego Eibrinus Durandi et Fromall fratre meo. uenditores sumus tibi Reimunde Gozfredi filius Girberga femina per hanc scripturam uendicionis nostre. uendimus nos supra scripti uenditores tibi emptore iamdicto. exceptum ipsum alodem quem habemus infra fines et terminos de uilla quem uoccant Orle. et exceptum ipsum campum de ipsas Comas. et exceptum medalada una de uinea ad Bati palmas. omnem alium nostrum alodem qui nobis aduenit per uocem parentorum nostrorum uel pro qualicumque uoce. id est terris uineis. pratis pratalibus. ortis ortalibus. casis casalibus. uie[1] ductis et reductis. et est ipse alodius in comitatu Russelionense. sub urbio Elenense. in ad iacenciam Sce[2] Marie[3] de uilla Iudaicas. et in ad iacenciam Sci Iuliani de uilla Torrelias. et in ad iacenciam Sci Laurencii. et in ad iacenciam Sci Ypoliti. et in ad iacenciam Sce Marie[4] de uilla quem uocant Caput stagni. et in adiacenciam Sci Uincencii de uilla Baiolas. Exceptum ipsum alodem de Orle. et ipsum campum de ipsas Comas. et ipsa medalada de uinea ad Bati palmas. alium nostrum alodem quem habemus infra istas supra scriptas adiacencias. sic uendimus nos supra scripti uenditores. tibi iam dicto (sic) Reimunde Gozfredii emptore. cum omni integritate. et cum illarum ad frontaciones. siue cum exio et regressio. et sine ulla reseruacione. et sine ullo engan. et de nostro iuro (sic) tradimus in tua potestate ad proprium alodem ad facere que uultis. propter precium .xxx. solidos de denarios rossels. Et de predicto precio apud uos emptores nihil remansit. et est manifestum. Et si q̄s contra hanc carta uendicionis uenerit ad inrumpendum. non hoc ualeat uindicare q̄d requirit. set componat in duplo. et in antea ista carta uendicionis. firma et stabilis permaneat omnique tempore. et non sit disrupta. Facta carta uendicionis .vii. ka aprilis. anno .xxviiii. regnante Philippo rege. Sig+num Eibrini Durandi. Sig+num Fromall fratro meo. qui hanc uendicione fecimus. et cartam scribere iussimus. et manibus nostris firmauimus. et testes firmare rogauimus. Sig+num Gausberti Reqini. Sig+num Gausbert Bernard. Sig+num Rodlan Adalbert.

1.2.3.4 Les c cédillés.

Precipimus nos supra scripti uenditores tibi Reimunde Gozfredi emptore . ut post obitum nostrum per unum quemque annum facias cantare .VIIII. missas propter animas nostras et parentum nostrorum . et fidelium animarum defunctorum.

REIMVNDVS Leuita + et scriptor.

(Archives départementales. B 45 : — original, ancien parchemin du Domaine. n° 168)

LXIX

Abandon de la dime de Vilallonga-dels-Monts au prieur de Sainte-Marie du Vilar [1].

1094

Notum sit omnibus hominibus presentibus scilicet et futuris quia Jo[h]annes prior Sancte Marie [[2]   ] fuit in placito [3] de Montesquiuo cum Bernardus presbiter et Guillelmus Dalmacii presbyter, in presentia domini [Guilelmi] Bernardi [4] et uxori sue domine [5] Garsendis et Bernardi Guilelmi eius [6] filii, et aliorum multorum hominum [de] quibus fuerunt Io[hanne]s Berengarii, et Bernardus Adalberti, et Guillelmus Almarii [7], et Raimundus Gertilli (?), et Poncius Geralli, et Petrus Raimundi, et Arnallus Raimundi, et Gerallus Somalli [8] presbiter, et Poncius Petri, [et   ] et alii multi q[ue] longum es[se]t scribendi. Et in eorum presencia jamdicti [[9]   ] Geraldus Segarii manibus suis et cum digito (?) suo proprio, in manu domini Jo[h]annis priori et domini Guillermi Bernardi, ipsum alodium et ipsam decimam totum ab integro perpetuo Sancte Marie de Vilari, que solebat tenere et habere; et, amodo, ut neque ille nec aliquis

[1] L'existence du prieuré de Sainte-Marie du Vilar (d'Albera) était jusqu'ici inconnue avant l'an 1142.

[2] La copie de ce document est pleine d'erreurs et d'omissions de mots. Il y a ici, après Marie, les lettres lerimo (?) qui doivent sans doute être remplacées par de Vilario. — [3] Mns blascuo. .

[4] Les seigneurs de Montesquiu, connus depuis l'an 1046, portèrent le nom du château d'Albera ou de Saint-Christophe jusqu'en 1126 environ. Bernard de Saint-Christophe vivait en 1075 et son fils, Guillem-Bernard, connu de 1109 à 1123, est sans doute celui qui figure dans ce document. Le copiste a omis son nom Guilelmus.

[5] Mns anne. -- [6] Mns et — [7] Olinarii? -- [8] Plus bas Seruall.

[9] Après jam dicti la copie porte desinuuail . et Jacobus, mots inintelligibles, qu'il faudrait sans doute corriger par definicit et jurauit.

parentele [1] sue in [2] iam dictam diffinitionem futuris temporibus nullam rem nec habeat nec habeant nec requirat nec requirant. Et accepit in presentia [predictorum] pro predicta diffinitione L. solidos monete Rossil[is] et est manifestum. Facta ista predicta deffinitione quarto nonas. novembris anno [3] trigesimo quarto regni Philippi regis. Sig+num Geralli Segarii qui istam predictam definitionem fieri jussi firmaui firmarique rogaui . Sig+num Petri Geralli filius eius . Sig+num Geralli Serual presbiteri . Sig+num Geralli Adalberti . Sig+num Bernardi Oliuarii . Sig+num Petri Jauberti.

P.runide(?) t. c. istam predictam definitionem scripsit et sub+ die et anno quo supra.

(Archives départementales, série B, *Procès des dimes de Montes-quiu, de 1698.* f° 51).

LXX

Testament de Reinard (de Pollestres).

1094

In dei nomine ego Rainardus dum iazeeo in egritudine timeo penas inferni . et cupio peruenire ad gaudia paradisi . propterea ego recognoscho qualis est humana fragilitas trahens origine ex primo parente id est mortem . et ideo facio karta donationis ad filios meos. In primis ad Petro Rainard dinerada .I. obtima de uinea in ipso Fesko quod ego Rainard complantaui in ipsso feuo de Wilelm Berrnard. Et ad Iozbert et ad Berengario pecies .III. de uinea qui sunt in ipsso Fesko complantationis quod complantaui in ipsso supra dicto feuo de Wilelmo Bernard iam supra dictum . in tali uidelicet pactu quod huxori mea Gerberga in uita sua dum uiuit teneat et possideat. Post obitum autem suum remaneat ad istos iam dictos cui supra scriptum est . Et pecia .I. de uinea que ego complantaui in ipsso Fesko ultra ipsso Riardo in alaudem de Sco Petro [4] sic dono ego Reinard ad istos iamdictos filios meos! Petro et Iozbert! et Berengario insimul . quod addukant eam ipssa uindemia ad porta de masum de Sci Petri per q[uemque] annum . et fiant fideles de Sco Petro . Et ad Sco Nikolaho [5] oliuario .I. in ipssa Koma de Sco Petro in terra de Ponelo Mironi . de Isla . Et ipssa petia de terra qui est in Parauis . et ipssos oliuarios que ego abeo et filii

---

[1] Mns *ille nec script. preterue sue.* — [2] Mns *rnam dictam.* — [3] Mns *anno Xpi.*
[4] L'abbaye de Saint-Pierre de Rodes, qui possédait alors la seigneurie de Pollestres. — [5] Saint-Nicolas d'Ayguaviva, près de Pontellà.

mei abemus complantatos in terra de Sci Petri siue in terra de Poncio
Mironi : diuidant filios meos supra dictos insimul post obitum Ierberga
mater illorum . et si unus ex filios meos de istos supra dictos se obierit
de isto seclo sine infante de legitimo coniugio . ipssam suam hereditatem de ipssum qui primus migrauerit ipssam suam partem remaneat
ad alios fratres insimul. Et rogo uos filios meos iam supra dictos quod
post obitum meum de ipssa petia de terra supra scripta qui est in
Parauis faciatis aniuersarium per quemque annum pro anima mea
de .iii. sacerdotes : et ipssum in cui remanebit non aprehendat in ista
petia iam dicta que dicunt ad Parauis nullam hereditatem . set abeant
alios fratres ipssos qui ipssum aniversarium volunt facere pro bona
voluntate. Hactum est hoc .xv. klds madi . anno millesimo nonoiesimo
.iiii. ab inkarnationis Domini . regnante Philipo rege . Sig+num
Reinard qui ista notitia fecit scribere et testis firmare rogauit.
Sig+num Petro Aialbert. Sig+num Borrel Gifre. Sig+num Raimun Poncio.

Isarnus presbiter qui hoc scripssi et die + et anno.

(Archives de l'Hôpital de Perpignan, plech V, n° 29 : original sur
parchemin.)

LXXI

**Extrait d'un privilége [1] du pape Urbain II en faveur de l'abbaye
de Cluny et de ses dépendances.**

1095 ?

Urbanus etc. cum omnibus sancte ecclesie filiis ex sedis apostolice
auctoritate et benevolentia debitores existimus, venerabilibus tamen
personis atque locis, maxime que apostolice sedi semper specialius
et devotius adheserunt quecque ampliori religionis gloria eminent,
propensiori nos convenit caritatis studio inminere. Tibi ergo, sanc-
tissime reverentissime et dilectissime frater, tam ex antiqua sedis
apostolice familiaritate quam ex nobilissima tua tuique cenobii religionis reverentia, singularis a nobis debetur perrogativa devotionis.
Est preterea que nos tibi non minus tuoque monasterio faciat debitores, quattenus per te monastice religionis rudimenta suscepi[mus]
in tuo cenobio per sanctam Spiritus Sancti gratiam sum[us] renati,

---

[1] Urbain II consacra le grand autel de la nouvelle église de Cluny le 25 octobre 1095 et ce privilége, accordé à l'abbé saint Hugues, est probablement de
cette même année.

cui hactenus inpénsiori gratia Romana Ecclesia dilectionis ac pro-
tectionis curam impendisse dignoscitur. Quicquid igitur libertatis,
quicquid inmunitatis, quicquid auc[torita]tis tibi tuisque successoribus tuoque monasterio per antecessorum nostrorum privilegia
concessam fuisse constat , Nos inquam hujus auctoritate decreti
nostri pagina conferimus, tradimus, confirmamus. Hec insuper adji-
cientes, ut monasterium Ste Marie de Caritate, monasterium Sti
Martini de Campis apud Parisius, monasterium Sti Dionisii apud
Nogentum, Ste Marie de Magara, Sti Gervasii de Exis, Ste Marie de
Arulis, Sti Petri de Camporotundo, Sti Genesii in Elenen. episcopatu;
Sti Pauli in Valle Olei[2], Ste Marie de Cobaria, Ste Marie de Salella,
Ste Marie de Tolosa, Ste Trinitatis in Marciniaco quod tu in alodio
proprio edifficasti, nunquam tuo tuorumque successorum regimini
ordiationive subtrahantur. Preterea decernimus atque stabilimus ne
quis ultra legatos romani antistitis vices in vestris partibus agens,
absque ipsius licentia vel perceptione buccam in vos aut vestra monasteria audeat aperire, nisi ad id ipsum specialiter dirigatur etc.

(Archives uépartementales, série H, Arles : — Vidimus d'une copie
faite à Cluny le 14 des cal. de juillet 1250, certifié le 27 février
1601 par Raphaël Yuanyas, Jean Guardis et Jérôme Arnal, notaires
d'Arles.)

LXXII

**Donation d'une part de la fontaine, du moulin et de la pêcherie de
Salses à l'abbaye de la Grasse, par Benoît, fils de Pierre Oliba, à
son entrée audit monastère.**

1005

In dei nomine . ech scriptura denunciat . qualiter condam Petrus
Oliba . donauit filium suum nomine Benedictum . cum sua parte
de fonte Salsinis . et cum sua parte de molino . et de piscacione de
predicta fonte . dño deo et Sca Maria . que uocant Crassam. In tali
uidelicet racione . donauit et dimisit . predictus condam Petrus . filium
suum Benedictum . cum supra dicta parte de fonte . et de molino . ut
sit monachus . et maneat sub regula Sci Benedicti . in monasterio
Sce Marie . predicte. Et donauit predictus Petrus . filium predictum .
et predictam fontem de Salsinis . et de piscatione . et de molino . ipsam
partem quam habebat . uel abere debebat . dño deo . et Sce Marie

² Lisez *Otoll?*

Crasse . pro anima sua et pro anima patri sui . et matris . et omnium
parentorum suorum . et omnium fidelium dei. Si quis hanc scripturam donacionis uenerit ad inrumpendum . nil ualeat . set predicta
fonte . et molino . et piscatione . in duplo componat . cum sua melioratione . Sce Marie predicte. Facta hanc scriptura donationis .ɴⁱᵒˢ.
idⁿˢ febroarii . anno millesimo . nonagesimo .vᵒ. incarnacionis filii dei.
Sig+num Bernardus Petri . Sig+num Guillemi Petri . Sig+num
Berengarii Petri . Sig+num . Gauzelmi Petri . Sig+num . Benedicti.
fili predicti Petri . qⁱ hanc scripturam firmauerunt.

Sig+num . Raimundi Alcheri . Sig+num Bernardi Zelmari .
Sig+num Guillemo Raimundi.

Bernardus + . Sacerdos . scripsit hanc scripturam . Donacionis sub
die et anno qᵒ supra.

(Archives départementales, B 35 ; — original, ancien parchemin
du Domaine, nᵒ 374.)

LXXIII

Vente d'une part de la fontaine de Salses à l'abbaye de la Grasse, par Ramon, Bertran, Roger et autres.

1095

In dei nomine nos Raimundus et Bertrandus et Rogerius . et Bernardus et Berengarius donamus omnipotenti deo et beate Marie . que
uocant Crassa . et doño Rotberto abbate . et Petro camarario . et
cuncte conregacione (sic) eiusdem loci . aliquid de alodio nostro . id
est porcione nostra de fonte Salsinis . et omnem alodium alium qᵈ
circa fonte predicta habemus . uel abere debemus. Et euenit nobis
prescriptum alodium a parentibus nostris . seu a qualicumque uoce.
Est autem prefatum alodium . in comitatu Russilionensi. Prefata
namque alodia . quantum infra prescripta fonte maiore de Salsinis .
uel circa eam abemus uel abere debemus . sic donamus omnipotenti
deo . et beate Marie Crasse . et Rotberto abbati . et Petro camarario .
et omnibus monachis presentibus et futuris eiusdem loci . totum ab
integro . cum uniuersis omnibus in se habentibus . sine reseruatione .
cum ingressibus et regressibus et cum suis terminis sine enganno
uestro. Propter precium cauallo uno . et mediclatem de alio cauallo .
et .Vᵒ. sol . de denariis rusellis . et gonella una de ysimbruno . et si
quis homo aud femina nobilis uel ignobilis . prescriptum alodium de

fonte maiore Salsinis . tulerit aut inuaserit. Sce Marie Crasse et suis
monachis . ipsum ortum de oliuariis qui est iuxta mansum condam
Richardis . qui est de Bernardo Petro et de Guillemo fratre suo et de
Raimundo Alchério . incurrat in potestate Sce Marie Crasse . et
abbate et monachis . et insuper nos Bernardus . et Raimundus .
mandamus Guillemo Raimundi . ut faciat tenere . et abere . prescriptum ortum de oliuariis. Sce Marie Crasse . et abbate et monachis. Et
est manifestum Et est manifestum (sic). Quod si nos donatores . uel
uenditores aut persona ulla masculini . uel feminini generis insur-
rexerit . contra hanc scripturam rumpendi causam . non hoc ualeant .
neque ualeamus . uendicare quod requirant . aut requiramus . s&
componant uel componamus Sce Marie Crasse . et abbate . et monachis . hec alodia prescripta in duplo cum sua melioracione. Et sic
modo et inantea firma et stabilis permaneat hec scriptura donacionis.
Facta hanc scripturam donationis . IIII . nns aprilii . anno. Mº.xcº.vº.
incarnationis filii dei. Sig+num Raimundus. Sig+num Bertrandus.
Sig+num . Rogerius . Sig+num Bernardus . Sig+num Berengarii .
qui hec scripturam donacionis fecimus firmauimus et firmare rogamus. Sig+num Bernardi Petri . Sig+num Guillemi Raimundi .
Sig+num Stephania femina . Signum Bernardi Petri leuite.

BERNARDVS . Sacerdos scripsit hanc scripturam donacionis uel
uendicionis die et anno qº supra.

(Archives départementales B 35 : — Original, ancien parchemin du
Domaine, nº 363.)

LXXIV

Cession d'une part du moulin de la fontaine de Salses,
à l'abbaye de la Grasse.

1095

In nomine dñi ego Mir Raimundus et frater meus Petrus donamus
atque euacuamus omnipotenti deo et Sce Marie . Crasse . et dño
Rotherto abati . et Petro camarario et cuncte congregatione eiusdem
loci ipsa nostra munneria et ipsa parte que abemus uel abere debemus in ipso molino do fonte maiore et extrema de Salsinis . et uenit
nobis prescripta munneria et prescripta parte de predicto molino a
patre nostro. Raimundo Miro . de Salsinis seu a qualicumque uoce.
Prefata muneria et prefata parte de predicta fonte maiore sic donamus .
et euacuamus et definimus omnipotenti deo et Sce Marie Crasse . et

dño Rotberto abbate . et Petro camario (*sic*) . et cuncte congrega-
cione eiusdem loci . totum ab integro sine reseruacione sine uestro
enganno Propter animas nostras . et animas parentorum nostrorum.
Si qis anc scripturam donacionis uel euacuacionis uenerit . ad irrumpendum nil ualeant neque ualeamus *set* predicta muneria et predicta
parte in duplo compnat (*sic*) uel componamus . et sic firma permaneat ec scriptura donacionis omni tempore. Facta anc scripturam
donacionis et euacuacionis . v°x°. ka nouemb. anno .m°.xc°.v°. incarnacionis filii dei . Sig+num . Mir . Sig+num Petrus . Qui anc scripturam donacionis et euacuacionis scribere fecimus . firmauimus et
firmare rogauimus. Sig+num Ermengadus (*sic*) Poncii . Sig+num
Ademari Poncii . qui anc scripturam laudauerunt et firmauerunt .
Sig+num Raimundi Segarii . Signum Berengarii Oliba Sig+num
Petri . dulcel . Signum . Bernardi sacerdoti.

Raimundus leuita scripsit die et anno q° supra.

(Archives départementales B 35 : — Original, ancien parchemin du
Domaine, n° 375.

LXXV

Donation du mas de la Riba (paroisse de Fontcuberta, pays de Besalu), à l'abbaye de Saint-Etienne de Banyoles.

Vers 1090 ?

In nomine dñi ego Berengarius Bernardi . dono dño deo et Sco
protomartiri Stephano cenobii Balneolensis . meam porcionem uel
hereditatem quam habeo in mansum quam uocant Riba . in kasis
kasalis . in terris et uineis . et in arboribus de quali cumque genere .
cum omnibus suis pertinenciis . et cum exiis uel regressiis suis . seu
cum terminis et affrontationibus suis. Et est iam dictum mansum
in comitatu Bisundunense . in parrochia Sci Felicis de Fonte Choo-
perta. Ea videlicet ratione dono predicta omnia iam dicto Sco
Stephano . ut teneam ea omnia que dono omnibus d[ie]bus uite
mee per uocem eiusdem Sci Stephani . et reddam siue donem ei
pro recognitione per unum quemque annum fogacam unam . et post
o[bitum me]um remaneant iam dicta omnia prephato Sco Stephano
sine ulla contradictione. Hec o[mni]a do[no] totum ab integrum sicut
superius scriptum est ad prephatum Scm Stephanum . sine ullo
engan uel sine ulla reseruatione . propter remedium anime mee seu
parentum meorum. Quod si ego donator aut ullus homo uel femina

contra hanc donationem uenero uel uenerit ad [inru]mpendum uel minorandum . non ualeo uel ualeat uendicare quod reqisiero uel requisierit . sed compono uel componat in duplo cum om[ni sua] immelioratione . et in antea hec scriptura donationis firma permaneat omnique tempore. Acta est . vii. idus . iuni . Anno [1] xxx [regn]ante Philippo rege. Sig+num Berengarius Bernardi q[i] hanc donationem fieri iussi et firmaui et testes firmare rogaui. Sig+num Arnallus Bernardi . Sig+num Raimundus Adalberti . Sig+num Durandus pbr. Sig+num Guilelmus Raimundi pbr. Sig+num Gaucfredus [2] Bernardi.

GVILELMUS pbr et monachus q[i] hanc donationem scripsit . cum litteras super positas in linea . vi. sub die et anno + q° supra —

(Archives départementales, original sur parchemin : *Fonds du marquis Joseph d'Oms.)*

LXXVI

Fragment d'une donation faite à l'abbaye de la Grasse par A Guillem de Salses partant en pèlerinage pour Saint-Jacques [3].

Fin du xie siècle.

In dei nomine. Notum sit omnibus hominibus . quod ego Arnaldus Guillemi de Salsis . uolens ire . ad Scm Iachobum . cum consilio et uoluntate . uxoris mee Biatricis . et Willemi filii mei . dono . et laudo . deo . et Sce Marie monasterii Crasse . pro remedio anime mee . et animarum omnium parentum meorum . unum campum de alodio meo . q[i] est infra terminos ville de Salsis . in loco quem uocant ad

---

[1] Une déchirure du parchemin, qui a fait disparaître après le nombre xxx un autre nombre des années du règne de Philippe, empêche de connaître la date exacte de ce document.

[2] Comme on a pu le remarquer dans les documents originaux antérieurs, et dans celui-ci pour les mots *fogaca* et *Gaucbertus*, la cédille n'a jamais été employée en Roussillon et Catalogne avant le xiie siècle, excepté pour marquer quelquefois l'e représentant æ.

[3] La date de ce document a disparu avec une partie du parchemin qui a été proprement enlevée avec des ciseaux par quelque désœuvré. On ne connaît aucun autre Arnáu Guillem de Salses que celui qui mourut vers l'an 110? Bérenger Oliba, nommé dans ce document, figure comme témoin dans un acte de 1095. Cependant, il faut dire que le camérier de la Grasse est appelé Pierre en 1095 et 1101. Ici on nomme le camérier Arnáu Vidal, et on trouve en effet le camérier Arnáu en 1110. C'est donc avec toutes réserves que nous indiquons la date approximative de 1094.

Uassam . et mansum de Albudecha . cum omnibus pertinenciis suis ɛ
qᵒs Berengerius Oliba de Salsis habet in pignus . per .vɪ. libras plate
fine argenti . ad rectum pensum de Perpiniano . et per .c.xL. sol.
rossellos. Hoc donum predictum facio . ut ante altare Bte Marie
Crasse . una lampada semper illuminetur. Hoc autem donum factum
est . in presentia Arnalli Uitalis chamararii Crasse . a quo pro predicto dono . accepi . xxᵗⁱ.ɪɪɪ. oncias fini auri . ad rectum pensum de
Perpiniano . et unas pelles de cirogrillis . ad uxorem meam Beatricem . et in presentia Raimundi Adalberti . et Guadaldi . et Petri Lupi .
Guillemi Sancii . et Adalberti de Tazneriis qⁱ sunt — (Le reste du
parchemin a été enlevé).

LXXVII

Vente d'une part de la fontaine de Salses à l'abbaye de la Grasse, par Ramon-Oto de Vila seca.

1100

In nomine dñi ego Raimundus Oto de Vila Secha . et uxor mea Em
et filio nostro Oto ɛ Nos simul in vnum. venditores sumus. nos
uobis . dño deo . et Sca Marie Crasse . et domno Rodberto abbato . et
Petro kamarario . et omnibus monacis eiusdem loci . preteritis (*sic*)
et futuris. Per hanc scripturam vindicionis nostre ɛ vindimus uobis
ipsum alodem q*ue* nos habemus uel abere debemus . qⁱ nobis aduenit
per parentorum uel pro qualicumque uoce . in fonte estremera de
Salsines ɛ ipsam nostram partem de molendino qⁱ ɏbidem est ɛ aut in
antea fuerint facti. Et de ipsis piscibus similiter. Pre scriptum namque alodem q*uem* ego Raimundus Oto . de Uilla Secha . et uxor mea
Em et filio nostro Oto . Sic vindimus . istum alodem iam dictum dño
deo et Sce Marie Crasse . et domno Rordberto (*sic*) abbato . et Petro
kamarario . et omnibus monacʰis eiusdem loci . tam presentes atque
futuris propter precium solidos .xxxᵗᵃ. de denariis russellis. In tali
uero conuentu . facimus . ista uindicione . de ista fonte uel de iamdicto molendino aut de ipsis piscibus quod si nos venditores aut
aliqua erogata persona maiore uel minore . qⁱ ista charta vendicionis
uenerit ad inrumpendum non hoc ualeat facere quod inquirit s& in
duplo componat . et est manifestum . Facta ista charta vindicionis
.vɪɪᵒ. klas madi . anno ɪᵒ.cᵒ. ab incharnacionis dñi . Regnante Philipo

rege. Sig+num Raimundus Oto . et uxor mea Em et filio nostro Oto .
nos simul in hunum q' ista charta vendicionis fieri iussimus . et firmamus . et firmare rogamus. Sig+num Bernardus Raimundus de
Paduls. Sig+num Raimundus Segarii de Perelons. Sig+num Guilelmus Petri . de Trules.

BLANCCETVS sacer et scriptor + sub die et anno quod supra ".

(Archives départementales, B 35 : — original, ancien parchemin du
Domaine, n° 393.)

LXXVIII

Donation au chapitre d'Elne par Rossello, fils de Cyprien, partant pour Jérusalem.

1100

In nomine domini . ego Rosselo, filius condam Cipriani filii
Durandi Cremati, recognoscens et aprobans testationem et donum
avi mei et patris mei qui spontanea voluntate dimiserunt et dederunt
omne suum alodium canonicæ Sanctæ Eulaliæ sedis Elenensis pro
remedio animarum suarum, simili modo, Hierosolimam pergens,
testor et dono ipsum idem alodium in integrum post mortem meam,
si obiero absque filiis de legitimo conjugio. Unde, ad firmitatem hujus
testationis et doni, trado jam dictum alodium in potestate canonicorum supra dictæ sedis, ut teneant et possideant absque calumnia
alicujus hominis vel femine, et liberum et quietum ab omni ex cu-
tione alicujus personæ. Est autem ipsum alodium terræ et vineæ.
terræ autem sunt ex una parte fluminis Techi et ex altera in Salancha
subtus Palatioli [1] Subteriori . vineæ vero sunt in parrochia Sanctæ
Mariæ de Palad [2] plantatæ, aut in Bercale, in parrochia Sanctæ
Eulaliæ, et duo cellarii in Palatioli Subteriori. Hæc quippe omnia de
meo jure trado in jus prædictæ canonicæ. Si vero aliqua persona
contra hanc cartam ad inrumpendum venerit, non hoc valeat ven-
dicare, sed presumptione ipsum alodium in duplo componat, et
insuper hæc carta firma permaneat omnique tempore. Facta est hæc
carta testationis sive donationis anno ab incarnatione domini millesimo
centesimo, XL anno Philippi regis, nonis julii v°. Sign. Rosselo qui
hanc cartam fieri mandavi et manu propria firmavi . Sign. Stephani
Pontii . Sign. Pontii Gonmadi . Sign. Geralli Bernardi . Sign. Johan-

___

[1] Palol d'avall, au territoire d'Elne. — [2] Palau del vidre.

nis præsbyteri . Sign. Ermengaudi præsbyteri . Sign. Raimundi
Odalgarii presbyteri . Sign. Bernardi presbiteri . Signum Petri Bernardi . Sign. Berengarii capud scholæ.

Raimundus sacerdos scripsit, sub + die annoque præfixo.

Ego quidem Rossilio cupiens Iherosolimam pergere, omne jam
dictum alodium impignero canonicis prædictæ sedis, et accipio ab eis
solidos LXX . et unum, quos si rediero et restituero, liceat mihi prædictum alodium sub conditione avi mei ac mei patris recuperare . Si
vero non restituero prædictos solidos, prænominatæ canonicæ quartum semper fructu[u]m ipsi chanonicæ fideliter persolvam . Prædictum autem alodium, quare in bajulia est, pro ipsa bajulia reddant
perna una valens XII sive (?) denarios Rossilionenses per unum
quemque annum.

(Copie de Fossa d'après le cartul. d'Elne. fᵒ 60 : Bibliothèque nationale, *Collec. Moreau*, vol. XXXVII, p. 223; — publié par Honoré
Pi, *Biogr. carlov.* p 26).

LXXIX

Concession d'une terre située à Salses.

1100

In nomine dñi . Ego Arnal Ramun et uxor mea Eibilina et filiis suis
in simul donatores sumus . tibi Petrus . et uxor[i] tua Adal& . et ad
filiis eius . petia .I. de terra et est ipsa pecia terra in comitatu Rosi-
lionis in aiacentia Sci Stephani de Salses in locum que uocant Comma
dagudel. Et uenit mihi Arnal per feu et afrontat ipsa terra de parte
orientis . et de meridie . et de occidentis in terra comtal de aquilonis
in uia qui discurrit Sci Ipoliti . Quantum istas afrontaciones in clu-
dunt sic dono tibi prescripta ipsa terra a baiulia et a laboracione
uoluis (sic) a pane uoluis a uino. In tali uero conuentu dono tibi
supra scripta que tibi donetis ad me quartum aud de ipso fructum de
pane ad (sic) de uino qui inde xierit (sic). vos et uestri et tui donetis
quartum mihi et meis . extra .I. dinerada unde uos donetis quint ad
me . Et tibi Petrus ports [1] ipso quarto uel quinto a uilla Garicis ad
mea tina de me Arnᵃdl et de filiis Eibilina . Et ego Petrus supra
scripto sic do ad meo seniori Arnadl . VIIII. solidos de drs rossels
sines engan per ipsa baiulia. Que abeat pertinencia ad me et ad filiis

---

[1] Il y a peu de pièces écrites en latin plus barbare. Ici il faut traduire : « Et
« que toi, Pierre, tu portes le quart, etc. »

Adaladis supra scripti. Quod si ego donator aut nulus uiuens omo uel xexus feminei . non hoc ualeat uindicare sed in dplo (sic) companat cum sua melioracine (sic) Fa (sic) est hec carta donacionis . viiii. ka. nouimber . Regnanante (sic) Filipo rex quadraginta .i. annos. Sig+num Arnal et Aibilina et fllius œius . qui ista carta donacionis scribere feci et proprias manus firmaui . Sig+num Adalbert capellani . Sig+num Guillem clerici . Sig+num Gospert clerici.

Micael rogatus sacer + qui hoc scripsit.

(Archives départementales, B 35 : -- original, ancien parchemin du Domaine, no 145.)

LXXX

Donation d'une part de la fontaine de Salses à l'abbaye de la Grasse, par Pierre-Bernard d'Avalri et Guillem-Ramon de Saint-Hippolyte.

1101

In nomine dñi ego Petrus Bernardi de Aualrino . et uxor mea Flandina . donatores sumus Sce Mariç monasterii Crasse ! et domno Rotberto abbati . et monachis qui ibi sunt . et in antea eruut . alodem nostrum quem abemus in fonte que uocatur de Salsines . quem Guilelmus Raimundi de Sco Ipolito . per me . tenet ad feuum . Et quem ipse Vilelmus Raimundi roguuit me . et per iussionem illius et uolumptate mea spontanea uoluntate Sicut superius scriptum est . dono supradicto monasterii . et abbati . et monachis . partem meam quem abeo . uel abere debeo . in fonte supradicta . in piscibus et in molendino qui ibi est . et in antea fuerint facti . Sicut hic scriptum est et melius intelligi potest . dono et relinquo supradicto monasterii ad alodem sine engano et malo inienio . Et ego Guilelmus Raimundi de Sco Ipolito . deno Sce Marie monasterii Crase . et doño Rotberto abbati . et monachis qui ibi sunt et in antea fuerint futuri . partem meam quam abeo in supradicto fonte de Salsines . in piscibus et in molendino qui ibi modo est et si plus fuerint facti . Quantum uisus sum abere uel possidere . per alodem . uel per feuum sino engano et malo ingenio . totum relinqo et dono supra dicto monasterii . et abbati . et monachis ad alodem Et propter hoc dedit mihi Petrus Gauzberti prepositus . equm ualdo bonum et obtimum . Facta charta et scriptura ista .iie. nonas. marci . anno . mo.co.io. ab incarnatione dñi . Regnante . Phiiipo rege . Sig+num Petrus Bernardi de Aual-

rino . et Guilclmus Raimundi de Sco Ipolito . qⁱ hanc chartam fecerunt . et testes firmare rogauerunt . Sig+num . Guilelmi Raimundi
de Castro Russilionense . Sig+num . Bernardi fratri eius . Sig+num.
Eichfredi . de Uernet.

BLANCETVS . Sacer et scriptor . sub die et anno . q° SVPRA.

(Archives départementales, B. 35 : — original, ancien parchemin du
Domaine, n° 405.)

LXXXI

**En 1102, le chapitre de Serrabona ayant reçu des moines de Ripoll
une encyclique qui lui annonçait la mort de leur abbé Bernard
arrivée le 20 juin de cette année, y répondit par un éloge du défunt
abbé en vers nécrologiques, après lesquels il donne le nécrologe des
frères convers et sœurs converses décédés, probablement depuis la
fondation du prieuré, avec les dates des mois et des jours des décès
et, par conséquent, du *memento* demandé.**

1102

Spiritus illius semper fuit bene ¹ dictus
Bernardi uatis, nomen duxit pietatis ;
Dextera saluatrix sit in omnibus auxiliatrix,
Viuat in œternum Dominum laudetque supernum :
Vosque simul patres oramus siculi fratres
Ut percat cunctis. Deus unda babtismatis unctis,
Cumque coronatis uita sit . ecce satis :
Quod fiat fiat. Rex Deus efficiat.

Orate pro nostris ut et nos oremus pro uestris :
Raimundus Ermengaudi Prior IIII. nonas marcii .
Udalgarius cellerarius . XVI. kls nouembris .
Gaufredus Olloberti v. kls aprilis .
Willelmus presbiter v. kls iulii .
Arnallus Arnalli conuersi IIII nonas septembris .
Alsauo conuerse XVI kls nouembris .
Stephanie conuerso VI. idus octobris .

¹ Mns *boni;* peut-être faudrait-il *boni dicus?*

8

Miricle Cerdani presbiteri at que peregrini . kal. augusti .

Ricardis conuerse que perrexit Ierosolimam : Stephanie . converse . similiter .

(D'après les archives de Ripoll : communiqué par feu Pierre Puiggari.)

LXXXII

Consécration de l'église de Mentet [1].

Vers 1102.

Anno domini [cc] incarnationis post millesimo [c. II.] era mille-sima. c. XL. indictione XIII. XIII. kls octobris . venit nobilissimus (?) Ermengaldus episcopus Elenensis et Bernardus archidiaconus et Petrus [   ] predicte sedis et prior alme Marie Cornelian [ens] is cum innumeris fidelium clericorum et laicorum turmis, ad dedica-tionem ecclesie sancti Vincentii martiris in valle Confluentis site [in] villa Mentedi . igitur nos prefatus episcopus et prefati clerici confir-mamus predicte ecclesie suam parroquiam terminatam . his termini-bus : ab oriente in colle Campelles . a meridie [in] Rochis albis . a parte uero circi venit in Finestrellas . ab occidente in Fonte frigida et descendit in Plane de Fourno . infra prescriptos terminos confir-mamus ei decimas primicias et fidelium oblationes et de cimiteriis XXX passibus . et de molinas fideliter mente decimum . et de omnes ma[n]sa[ti]s (?) que fuerint factas in prefata villa sive infra predictos terminos de una quaque singulos denarios (?) et cuncta que divino cultui pertinent . eo tenore ut apostolica auctoritate subdita sit sce matri Elenensi ecclesie et dicto alme Marie Corneliani. Si quis autem . quod non obtamus . huius nostri decreti presu[m]p[tuosus] temera-tor extiterit . tamdiu [se] noverit segregatum ab omni ritu fidelium Xélanorum donec resipiscat e[t] a[d] plenam satisfactionem venerit : pro temporali tamen vinculo quidquid ablatum fuerit . reddatur in quadruplum. Donata vero a nobis est prephata ecclesia hujus dotis titulo anno XLII[2] . regnante Philipo rege . et per unum quemque an-

---

[1] Ce document présente tous les caractères désirables d'authenticité, mais la copie en a été faite d'une manière très-fautive ; nous y avons fait quelques cor-rections, et nous ne donnons ce texte qu'avec toutes réserves. — [2] Mas LX2.

num pergat clericus de predicta ecclesia duas vices ad sinodum [et] faciat censum de [narios vIII](?) . Sig+num Arnaldus Izerni . Sig+ num Stephani Izerni . Sig+num Petri Mironis [   ] . Sig+num Petri [   ] Sig+num Ermen [   ].

Raimundus leuita atque cancelarius qui ita scripsi sub + anno et die prefatis.

Treta de una authentica.

(Copie moderne et informe, communiquée par M. Denaclara de Paláu).

LXXXIII

Donation d'un fief tenu pour le vicomte de Castellnóu, faite par Arnán-Guillem de Forques à Gauzbert de Leucate.

1103

In nomino dñi ego Arnallus Guillemi de Forches donator sum vobis Ermengaudo Gauzberti [1] de Locata et Arnallo atque Guillemo fratres . per hanc scripturam donationis meo dono vobis predictis mea spontanea voluntate et in mea plena memoria ipsum feuum quem teneo per vicecomitem Castri noui, quem pater meus condam prius habuit pro Gauzberto de Loachata (*sic*) patre uestro. Et sicut superius scriptum est sic dono vobis predictis et laudo atque confirmo ac de meo jure in uestro trado dominio. Si quis contra hanc scripturam donationis venerit ad inrumpendum non hoc valeat vindicare quod requirit sed componat in duplo et in antea hec donatio firma permaneat omnique tempore. Facta est hec donationis scriptura .x. kls junii in anno m°.c°. tercio incarnacionis XPi . Sig+num Arnalli Guillemi qui hanc scripturam donationis fieri jussi firmaui propria mea manu et firmare rogaui . Sig+num Gauzberti Riguald . Sig+num Berengarii Arnalli. Sig+num Bernardi Guillemi . Sig-num Guillemi Gauberti.

Ramundus sacer rogatus scripsit sub dio + anno que prefixo.

(Archives départementales : registre des reconnaissances des fiefs de l'église d'Elno, f° 7. — xIvᵉ siècle.)

---

[1] Ecrit trois fois *Gaumberti* dans le mns. La forme du **a** ressemble assez à celle de l'**m** au xIIᵉ siècle et ces deux lettre sont souvent prises l'uno pour l'autre par les anciens copistes.

LXXXIV

Accord par lequel Vdalger Hodon, baile des Fonts, s'engage à payer à l'abbé de la Grasse 4 sétiers de vin pour la taverne des Fonts.

1104

Hoc est placitum quod est factum inter dominum Robertum abbatem sancte Marie cenobii Crasse, et petrum Priorem, atque Udalgarium Hodonis bajulum de Fonte, de taverna sancte Marie quam ipse debet facere in predicta villa de Fonte, et de receptis quas accipiebat et nimium adgravabat homines, et de superfluis ac malis aprisionibus quas crescebat colidie et minabatur facere . Idcirco iachuis (*sic*) et definivit omnem superfluitatem superius scriptam Udalgarius prefatus, ut ab odierno die neque deinceps non requirat in predicta villa de Fonte prefatos receptos ne [c] malas aprisiones, neque ullos usatichos ; sed quantum debet habere in iam dictam villam de Fonte per baiulum et per concessionem prenominati abbatis . Convenit iamdictus Udalgarius prenominato abbati et priori in quatuor modiis de vino et sextarios quatuor per tavernam faciat in prefata villa de Fonte, sancto Marie fideliter, et districtum faciat inde : nec suum vinum neque de alio homine non sinat iamdicta villa per tavernam facere quod ad usque iam dicta taverna sancte Marie sit facta . Concessit préfatus abbas iamdicto Udalgario in predicta villa de uno quoque hominum qui receptum illi soliti erant dare, parilio uno gallinarum et duas fogaces in unaquaque abeat libras duas et terceriam unam vini et pernas duas adpreclatas decem denariis, perna vel denarii, quas homines velint dare, accapte de asinis de unoquoque hominum semel in anno uno die, ita ut in illo die quod illi achomodaverint quisque suum asinum, in illo die recipere salvum ad vesperum sine dilatione debebit, atque unum iornal semel in anno de horda, de furnario gallina et fogaca una ; et non requirat per divisic::em manssuum prephatum censum, si sit divisus inter fratres vel herodes, sed secundum divisionem heredum siculi adunati erant pariter unum censum faciant . Facta carta diffinitionis vel guarpicionis huius quarto kalendas octobris anno ab incarnatione dñi millesimo centesimo [1] quarto regnante

---

[1] Mss *quinquagesimo.*

Philippo rege . Sig+num Roberti abbatis et Petris prioris et monachorum qui istam cartam scribere fecerunt firmarique rogaverunt .
Sig+num Udalgarii Hodonis de Fonte . Sig+nu Guillelmi Thedo-
mari . Sig+num Berengarii Guillelmi . Signum Bernardi Guillelmi
de Pediliano.

Poncius monacus rogatus scripsit hoc +

(Archives départementales, fonds de la famille d'Oms (*Les Fonts*); —
copie du 20 juin 1717, d'après l'original en parchemin qui est
dans les archives de l'abbaye de la Grasse)

LXXXV

Testament d'Hugues, vicomte de Tatzo.

1106

In nomine dei . ego Vgo vice comes, timens ne mors mihi subito
eveniat et ne moriar intestatus, in mea plena memoria et sanitate
ordino amnia mea, res scilicet mobiles et immobiles, sicut in hac
carta infarius resonat. Imprimis dispono manumissores meos Ermen-
gaudum Elnensem episcopum, et Bernardum Deusdedit, et Beren-
rarium Vaciatum, et Poncium Grimallum, ut ipsi post mortem meam
distribuant res meas mobiles in ecclesiis, clericis et pauperibus . Cas
trum vero meum et omnem meum alodem sive feuum dimitto in
bajulia supra dicti episcopi et aliorum manumissorum, et meorum
hominum qui per fidem bajulire voluerint . mansum autem de Vul-
pilleras, qui est in villa sancti Felicis subterioris, cum omnibus suis
pertinentiis dimitto beate Eulaliæ Elenensis sedis liberum, post mortem Sibilæ uxoris meæ. Ipsas vero olivas quæ tangunt mihi de
decimo villæ sancti Felicis superioris, dimitto sanctæ Mariæ ipsius
villæ ; et illas olivas quæ tangunt mihi de decimo sancti Felicis subterioris, dimitto sancto Andreæ ipsius villæ ; et oleum quod ex ipsis
exierit semper ardeat in ecclesiis eorum. Mansum quidem Raimundi
Sifredi et Raimundi Bernardi cum omnibus suis pertinentiis, qui sunt
in Cassanyas, dimitto Sanctæ Mariæ de Marceuol. Filiæ meæ Jordanæ
dimitto castrum meum et omnem meum honorem, alodem feuum et
bajulias, exceptis his quæ dimitto dictis sanctis; et ipsam jam dictam
filiam meam, simul cum honore meo, dimitto uni ex filiis Bernardi

Deusdedit, de quo jam dictus Ermengaudus episcopus et mei homines magis caverint, ut ipse eam accipiat in uxorem . Uxorem vero meam, cimul cum donatione do qua locutus sum cum episcopo et aliis manumissoribus, dimitto in bajulia dei et præfati episcopi ; et quam diu ipsa voluerit stare sine marito, maneat honorifice cum filia mea et cum filio Bernardo Deusdedit ; si autem maritum accipere voluerit, cum de donatione qua locutus sum cum episcopo et cæteris manumissoribus, et cum sua parte mobilium, hoc faciat. Et mando et testor ut Bernardus Deusdedit det pro redemptione animæ meæ episcopo . cc . solidos denariorum Rocilionesium, aut duos mulos qui optime . cc . solidos valeant. Et ipsa jam dicta Sibillia uxor mea ipsam donationem quod sibi faciet teneat invita sua ; post mortem uero ipsius, libera et quieta deviniat ad filia mea sive ad filios vel filias filiæ meæ . Facta scriptura testamenti xv kalendas octobris anno ab incarnatione domini mcvi regnante Philippo rege. Signum Ugonis vice comitis qui hoc testamentum fieri jussit et testes firmare rogavit . signum Ermengaudi episcopi . signum Bernardi Deusdedit . signum Berengarii Viciati . signum Poncii Grimalli.

Petrus presbiter qui hoc testamentum scripsit cum litteris supr. positis et dampnatis sub die et anno quo supra.

(Copie de Fossa d'après lo cartulaire d'Elne, f° 45 : Bibliothèque nationale, *Collection Moreau*, Vol. XLII, p. 84 ; — publié par Honoré Pi, *Biog. carlovig.* 23.)

- - - - - - - - -

Donation à l'abbaye de Sainte Marie de la Grasse de l'alleu de Pozillá.

808

Dum unus quisque in hoc seculo do res suas donare debet propter remedium anime sue ut ad diem judicii ante tribunal domini nostri Jesu Christi mereat invenire misericordiam. Nos igitur in Dei nomine Radulfo comiti et uxori sue Ralindes certum quidem manifestum est enim quia placuit animis nostris et placet nullus quoque gentis imperio nec suadentis ingenio sed propria expontanea hoc elegit nostra bona voluntas ut nos donare debemus alodem nostrum quod ita et facimus villa que vocatur Pociliano cum terminis et limitibus et ad frontationes earum cum ipso villariunculo que vocant Fonte tentenata cum terminis et limitibus suis et ad frontationes earum sic donamus vel tradimus ad castro monasterii vel ad cenobii Sancte Marie que vocant Crassa . et est ipse monasterius constructus in ter duos pacos [1] Karkassense et Narbonense juxta fluvium Urbione et sic tradimus a venerando abba Durando et ad cuncta congregatione supradicto istius monasterii propter remedium animas notras ut ipsa santa [2] Dei genitrix mercar intercedere pro nobis ad filium suum ut nos mereamur audire vocem Domini ad diem judicii venite benedicti patris mei . et est ipse alodes supra nominatus et cum ipso villariunculo in comitatu Rossilionensi donamus nos ipsum alode supra nominatum ap prefata casa Dei cum ipsas ecclesias qui ibidem sunt fundatas in honore sancti Saturnini et sancti Felicis cum decimis et primissiis id est in casis casalibus curtis a [3] curtalibus ortis ortalibus regaticis vel sub regancis vel decarius [4] silvis garricis pratis pascuis molendinis aquis aquarumque decursus earum et ipsas [5] caput aquis et ipsos regos qui discurrunt de ipso castellare in termino Corneliano et in termino de Millares et in termino de villa Sancti Felicis ut tam presens Durandus abba et successores eorum ut potestatem ipsa aqua prendere cum suo caput aquis et cum suos regos de Pesilliano usque ad ipso castellare et mittere faciam ipsa aqua in villa Pessiliano vel in suo terminio ubi voluerim sine ulla dubitatione vel reservatione uie ductibus uel recductibus [6] nem exio et regresia earum et cum omne superpositum suum tam quisitum quam ad quirendum tam rusticum quam ad urbanum tam dircisum quam ad diuisendum totum et ab integrum sicut superius insertum est sic donamus nos ad dominum .... ad Durando abba et ab congregatione illius monasterii tam presentes quam et futuros ut non pigent pronobis oraro elemosina pauperum stipendia monachorum et luminaria consinanda sancta Dei ecclesie et advenit nobis ista omnia de ex comparatione . in ea vero ratione dum nos vixerimus teneamus et possideamus usum fructum habeamus, potestatem non habeam vindere nec commutari nec ellenare nec nos neque filii neque nepoti meo neque parentes nec nullus homo pro notra voce neque pro sua hereditate ab inquisitare presumat et dum nos vixerimus per singulos annos et dies omnes decimas quo ad elus eclesias pertinem de supra nominatum alodem in potestate sancta

Maria vel ad eius congregatione, consistat . et post obitum vero nostrum ipsum alodem supra nominatum remaneat ad filium meum
Olibane excepto ipsas decimas in potestate sancte Maria consistat dum
[   ] teneat et possideas post tuum quoque dicessum remaneat
ad domum sancta Maria que vocant Crassa sic [1] superius insertum
est ut habeant potestatem tam presens abba quam et successores
eius vindere commutare vel clienare et quiquid exinde facere uel iudicare voluerint in Dei nomine libera et firmissima habeam potestatem
omnique tempore . *de repetitione* vero si quis donatores nos aut ulla
subrogata persona qui contra hanc nostram carlam donationis uel
traditionis venerit ad iarum pendum non valeat vindicare sed maneat
componat vobis auri *libras* quinque et quo actus vobis absoluat et
insuper ipsum a Iodem in duplo componere vobis faciat . facta carta
donationis.

Madii anno sexto regnante Carulo rége Signum   Radulphus
comiti Signum Radllendes [2] qui hanc carlam donationem vel traditionem fecimus et testes firmare rogavimus
Vilafredus + Salamon + Crescbado + Heles + Leopardus.

+ Fredegarius diachonus qui hanc carlam donatione scripsit sub
die et anno quod supra.

(La copie sus et des autres parts écrite a été tirée de son original
en parchemin qui est dans les archives de l'abbaye de la Grasc.)

Donation d'un alleu sis à Pozilla à l'abbaye de Sainte Marie de La Grasse.

915

Dum unus quisque in hoc seculo de res suas donare debet, propter remedium anime sue ut ad diem iudicii ante tribunal dñi nostri
Jesu Christi merear invenire misericordiam . nos igitur in Dei
nomine Ridlindis et filius meus Oliba . certum quidem et manifestum est enim qui a placuit animis nostris et placet nullius cogentis
imperio nec suadentis ingenio sed propria et expontanc hoc elegit
nostra bona voluntas ut nos donare debemus alodem nostrum quod

1, 2, — Sic.

ita et facimus villa que vocatur Peciliano cum terminis et limitibus et
frontationibus earum, cum villariunculo que vocant Fonte Tentenara[1]
cum terminis et limitibus suis et frontationes earum, sic donamus vel
tradimus a castro monasterii vel ad cenobii Ste Marie que vocant
Crassa . et est ipse monasterius constructus in comitatu Carcas-
sense iuxta pluvium Urbione. Et sic tradimus ad venerando abba
nomine Soniario et ad cuncta congregatione supradicto istius monasterii propter remedium anime nostre ut ipsa sancta Dei génitrix
mereat intercedere pro nobis ad filium suum [2] vel nos mereamur
audire vocem dñi ad diem iudicii, venite benedicti patris mei . et est
ipse alodes supra nominatus, et cum ipso vilariunculo [3] in comitatu
Rosolionense donamus nos ipsum alodem supranominatum . ad
prefata casa Dei cum ipsas ecclesias qui ibidem sunt constructas et
destructas . id est casis casalibus curtis ortis ortalibus reganeis vel
subreganeis verdegariis silvis garricis pratis pascuis molendinis .
aquis aquarum vel decursibus earum, et ipsos caput aquis et ipsos
regos qui discurrunt de ipso Castellare in terminio Corneliano et in
terminio de Miliare et in terminio de villa Sancti Felice . ut tam presens Soniarius abba quam successores eorum, ut potestatem habeant
ipsa aqua prendere in suo caput aquis et cum suos regos de Peciliano usque ad ipso Castellare, et mittere faciant ipsa aqua in villa
Peciliano vel in suo terminio ubi voluerint, sine ulla dubitatione vel
reservatione, vie ductibus vel reductibus, cum exio et regressia earum,
et cum omne superpositum suum tam quesitum quam ad inquirendum
tam rusticum quam et urbanum, tam divisum quam ad dividendum,
totum et integrum [4] sicut superius insertum est, sic donamus nos ad
domum sancte Marie et congregatione illius monasterii . tam presentes quam et futuros, ut non pigeant pro nobis orare, elemosina pauperum stipendia monachorum et luminaria concinanna [5] sancte Dei
ecclesie . Et advenit nobis ista omnia superius scripta ad me Ridlin-
des ex comparatione, et ad me Olibane per vocem genitoris meo
Rodulpho condam . in ea vero ratione dum nos vixerimus aueamus
possideamus teneamus usum fructum abeamus . potestatem non
habeamus vindere nec cumutare nec alienare nec nos neque filii

[1] Sic. Copie de P. Puiggari villarunculo Tentenara.
[2] Sic Puiggari ut non.
[3] Sic. Puiggari vilarunculo.
[4] Sic. Puiggari et ab integrum.
[5] Sic. Puiggari lego concinnanda.

neque nepoti neque parentes nec nullus kœma [1] pro nostra voce
neque pro sua ereditate ad inquietare presumat et dum vixerimus
per singulos annos et dies omnes decimas que ad ejus ecclesiam pertinent de supra nominatum alodem in potestate Sancte Marie vel ad
eius congregatione consistat . et post obitum vero nostrum ipsum
alodem supra scriptum cum ipsas decimas in jus et dominationem
permaneat cenobii Sancte Marie vel ad monachos qui ibidem deo
famulantibus sicut superius insertum est ut habeant potestatem tam
presens Soniarius abba quam et successores eius vindere comutare
vel alienare et quiquid exinde facere vel iudicare voluerint in Dei
nomine liberam et firmissimam abeant potestatem omnique tempore .
de repetitione vero si quis donatores nos aut ulla subrogata persona
qui contra hanc cartam donationis vel tradictionis venerit ad iurum-
pendum non hoc valeat vindicare sed in vinculo componat vobis auri
libras quinque et quoactus absolvat et insuper ipsum alodem in duplo
vobis componere faciat . facta carta donationis mense juni octavo
kalendas iulii anno vigesimo tertio regnante Carulo rege Sig+num
Ridlendes Oliba qui hanc cartam donationem vel traditionem
fecimus et testes firmare rogavimus sig+ Atone sig+ Ermenardo
Sig+ Verane Sig+ Gulderico sig— Viuticane Sig+ Richelmo
Rodaldus levita Scluua presbiter, Mauregatus

In Christi nomine Floresindus presbiter qui hanc cartam — donationis scripsit ac sub scripsit sub die et anno quod supra.

(L'acte sus et de l'autre part écrit, est écrit en une feuille de
parchemin qui a trois pams de long et demi pied de large gardé
dans les archives du monastère de la Grasse).

Donation de l'alleu de Rivesaltes à l'abbaye de Sainte Marie de la Grasse.

923

In nomine dñi ego Landricus [   ] ui fuit
condam [   ] stratum meum egritudine corporis
fatigatus [   ] tus facinora atque delicta
mea pavens lacu inferni dono propter remedium anime me ad domum

[1] Sic. Puiggari omet ce mot homo ?

sancte Marie matris dñi cuius monasterius est fundatus super flumen
Urbione vel abbate einsdem vel monachos ibidem deo fumulantes
sive successores illorum. Dono in comitatu Rossilicnense alodem
meum qui vocant Ribas altas cum ipsa ecclesia qui ¹ ibidem est fundata
in honore sᵘ andree qui mihi advenit de alode parentcrum meorum :
dono de ipso alode cum ipsa ecclesia iam dicta medietatem....... iam
dicto monasterio [   ] id est casas in casaliciis
curtis ortis ortalibus verdegariis arboribus pomiferis sɔu inpomiferis
areis terris vel vineis pratis pascuis......... garricis molinis molinaris
aquis aquarum que decursibus exia vel regressia sua ɔt omnia supra
posita tam quisitum quam ad inquirendum venerit [   ] loca
et urbana omnia et in omnibus ipsa mea medietate tribuo in tali deli-
beratione ipsum alodem et ipsa ecclesia ut de ipsa ecclesia expresse
[   ] et deincebs ipsa mea medietatem ipse abbas sive
monachi de ipso iam dicto monasterio in sacina ² ad prendere faciant
et ipsa mea medietate de ipso alode iam dicto frater meus Radulfus
dum vivit teneat et possideat post obitum vero suum sne ulla contentione sive inquietudine remaneat ipsa mea medietas remaneat ad iam
dicto monasterio hoc autem que supra scripta sunt cono et tribuo
propria voluntate sicut supra scriptum est ab integre ut retributor
omnium bonorum tribuat mihi mercedem in futurum. Hec autem
que supra scripta sunt dono et tribuo propria voluntate sicut supra
scriptum est ab integre. Sane quod fieri minime credo esse venturum.
Si ego Landricus donator aut aliquis de fratribus heredibus que meis
aut ulla aliunde persona fuerit qui contra istius donationis cartam
venire tentam inrumpere voluerit inferam vel inferant eidem iam
dicto monasterio abbate vel monachos eiusdem loci tantum quantum
eo tempore ipse res meliorate fuerint valere potuernt cum tocius
legis [   ] lo preiudic [   ] insper secundum
maledictiones novi testamenti de his quis cum aria Dñi possidere
injuste nituntur damnati contradictores depereant atque Datan et
Abiron quos vorago terra viventes absorbuit compotes ³ effecti
simul cum Iuda traditare deputati eternis incendiis tradantur perpe-
tuas semper abituri et in antea istius carta donationis firmis stabilis
que maneat omni tempore. Facta carta donationis vel traditionis [

                                ] rege sig+ñ. Landricus

¹, ² — Sic.
³ Consortes ?

qui hanc cartam donationis vel traditionis feci vel firmare rogavit uidal daniel. sig+ñ segarius sig+n sigfredus sig+n Leucfredus sig+n Poncio sig+n Engulfus. ANTONIVS presbiter qui hanc cartam donationis vel traditionis scripsi [   ] et die et anno quibus supra.

L'acte sus écrit a été tiré de l'original en parchemin qui est déchiré aux endroits où l'on a mis des points et qui est conservé dans les archives de l'abbaye de la Grasse.

Donation d'un alleu situé aux environs de Corneillà au monastère de Notre-Dame de la Grasse.

947

In nomine domini ego Quintella et Durandus et Ademares dona-tores sumus ad domum Sta Maria monasteri. manifestum est enim quia precepit nobis Segoberta que alium nomen vocant Bona ut cartam donacione pecissemus a predicta Sta Maria de ipsum alodem qui est in comitatu Rusulionense vel infra fines vel terminos de Corneliano sive in cassas in cassaliciis in curtis curtalibus in ortis ortalibus vel in terris in molinis in mulinaribus cum suo rego vel cum suo caput aquis sive supratis pascuis silvis garicis aquis aquarum in omnia et in omnibus qui ibidem abemus et in istas cartas anciones [1] desonant et venit a me Quintiliane per compationo et per voce elemosinaris sic et ad nos super scriptos advenit pro elemosina vocem unde indicium obligatum oblinemus in po [2] metus temporum de qua tam quod superius insertum est sic donamus nos super scripti manummissores pro Dei amore oria [3] dicto Quintilane et pro anima Segoberta iam dicta qui fuit condam cum illorum ad frontaciones vel termines et cum omni voce oposicionis sue et cum exias vel regressias earum ut abeas potestatem tam presens Soniarius aba vel monachi sui velut cessores illorum que facere voluerint quod sinos donatores aut ullus ei [4] homo qui contra istam donatione venire ad inrum pendum in pristimum [   ] a ad liminibus sancta Dei ecclesia extrancus fiat cum Iuda qui dominum

[1], [2], [3], [4], — Sic.

tradit participatione [   ] bene [   ] invenias
et super dupliciter componere facias et in auten ista dona [

] abeat frimitatem. facta ista donacio septimo idus decembris
anno duodecimo regnante Ludovico rege sig—nù Quintela. Sig—nu
Durandus sig—nu Ademares. [   ] sub die
et anno quod supra.

(Archives de la Grasse, Préfecture de Carcassonne — copié sur
l'original y existant)

Vente d'un manse à l'abbaye de la Grasse.

1103

In nomine Domini ego Guillelmus Utalgerrii vicecomes de Castello
novo et uxor mea Phanioi [1] et filii mei Gaubertus et Artaluus nos
simul in unum laxamus et deguerpimus domino Deo et sancte Marie
monasterii Crasse et domino abbate Rotberto et monachis ipsius loci
cunctis presentibus et futuris totam albergam de manso de Dagiraudo
qui est in valle esperia in villa Picilliano et totos usus et toltas et
forcias que fieri possunt ut nullam ibi unquam faciamus vel nos ut
aliquis de posteritate nostra neque in hominibus neque in feminis sed
toti sint liberi de sancta Maria. Quapropter hoc accipio de abbate et
monachis sancte Marie solidos quinquaginta rossilionenses.
Facta carta guerpicionis hujus XVº kalª. januarii anno ab incarna-
cione Christi millesimo Cº. IIIº regnante Philippo rege. Sig+num
Guillª Vtalgarii vicecomes. Sig+num uxor mea Phanio. Sig+num
Gamberti filii mei. Sig+num Artalli filii mei. Sig+num Vicecomes de
Tatzo. Sig+num Emengandus de Verned. Sig+num mei Guillelmi
Gauffredi de Cersed. Sig+num Raymundi Ermengandi de Tuire.
Sig+num Bernardi Rigalli de sancti Felicis.

Arnallus presbyter qui hanc cartam scripsit sub die et anno qua
supra dicta.

(Archives de la Grasse à la Préfecture de Carcassonne)

[1] Sic.